Das Fernsehen - Wirkung und Folgen für den Mensch

Einfach mal wieder mit dem Denken beginnen

... Irgendwann, wenn sich die Tage des Lebens dem Ende neigen, muss jeder Mensch vor sich selbst Rechnung tragen, ob das eigene Leben denn ein gutes gewesen ist. Wenn man dann feststellt, dass die Freizeit verschenkt wurde und somit der freie Wille beschnitten, dann ist es eine gute Einsicht zu einem leider viel zu späten Zeitpunkt.

Ilgen Spock

Das Fernsehen - Wirkung und Folgen für den Mensch

Einfach mal wieder mit dem Denken beginnen

Ein gutes Leben ist ein Leben, in welchem die Fähigkeiten genutzt werden.

Ilgen Spock

Die Deutsche Nationalbibliothek verzeichnet diese Publikation in der Deutschen Nationalbibliografie; detaillierte bibliografische Daten sind im Internet über http://dnb.dnb.de abrufbar.

© 2013 Ilgen Spock

Illustration: Ilgen Spock

Herstellung und Verlag: BoD – Books on Demand, Norderstedt

ISBN: 9-783-749-450-213

Inhaltsverzeichnis:

Vorwort

Kapitel 1: Das Fernsehen und dessen direkte Wirkung.
1.   Filme
2.   Serien
3.   Sport
4.   Nachrichten
5.   Dokumentationen
6.   Vorsicht bei bereits gezogenen Schlüssen!
7.   Werbung

Kapitel 2: Der Alltag des Menschen und die Rolle des TV.
1.   Externe und interne Ursachen für tägliche Zeitplanung.
2.   Die Wirkung von Zeitdruck auf den Menschen.
3.   Fernsehen - der externe Zeitgeber.
4.   Der Mensch ist eine Maschine, die nicht denken soll.

Kapitel 3: Kommunikation
1.   Wozu dient die Kommunikation und was macht sie aus?
2.   Das Problem der gleichen Meinung.
3.   Keine natürliche Kommunikation im Fernsehen.
4.   Das Problem der Imitation.

Kapitel 4: Schaffung von Idealbildern.

1. Unreales Streben nach fiktiven Persönlichkeiten.
2. Das Setzen unmöglicher Ziele.
3. Helden der Leinwand und Helden im Alltag.
Kapitel 5: Die Spannung des Lebens.
1. Eigene Ereignisse schaffen
2. Das passive Erleben von Ereignissen..
3. Das Verstecken in einer fiktiven Welt.

Kapitel 6: Die Manipulation
1. die Kategorien: Gut und Böse
2. Vorgefertigte Bewertung von Umständen.
3. Die Werbung

Kapitel 7: Phantasie und Kreativität
1. Was ist Kreativität?
2. Was ist Phantasie?
3. Wir fördert man diese Fähigkeiten?
4. Was geschieht beim Fernsehen mit der Kreativität?

Kapitel 8: Frustration
1. Was ist Frust?
2. Warum führt Fernsehen zu Frust?
3. Wie wirkt man Frust entgegen?

Kapitel 9: Glücksgefühle – Ursache für ein schönes Leben.
1. Was sind Glücksgefühle?
2. Wodurch entstehen Glücksgefühle?
3. Warum kann Fernsehen nicht zu Glücksgefühlen führen?

Kapitel 10: Eine philosophische Betrachtung und die Folgen daraus.
1. Was ist ein guter Tag? Was ist ein gutes leben?
2. Welche Rolle spielt die Philosophie hierbei?

3. Sinn des Lebens?
4. Rum und geistige Erfüllung sind nicht vereinbar.
5. Prämissen und die Schlüsse daraus.

Vorwort

Wenn wir unser Umfeld, unsere Zivilisation, genauer betrachten und eine Wertung abgeben, so fällt diese ziemlich erschreckend aus. Die Menschen kennen die Missstände ihrer Welt, wie Egoismus, Kapitalismus, soziale Ungerechtigkeit, Unehrlichkeit, sozialer Vergleich, Lästerei, Mobbing, usw.. Jedoch werden diese Gewohnheiten in der Regel übernommen, anstatt sich dagegen zu aufzulehnen. Worauf sind derartige Verhaltensweisen zurückzuführen? Weshalb gehen Teilnehmer einer Gesellschaft mit den anderen Teilnehmern derselben Gesellschaft auf solche Weise um? Jedem ist das Sprichwort „Gehe so mit anderen Menschen um, wie mit dir umgegangen werden soll" bekannt. Wieso ignoriert der intelligente Mensch solche offenkundigen Äußerungen? Weshalb haben es einfühlsame und gute Menschen schwerer als Egoisten und „Ellebogentypen"?

Wir müssen uns im Klaren darüber sein, dass die Struktur und somit die Zukunft unserer gesamten Zivilisation vom Zustand der einzelnen Teilnehmer dieser Zivilisation abhängt. Lebensstandard, Fortschritt, geistige Entwicklung und effektives Miteinander sind kein Privileg einer technologisch hoch entwickelten Kultur. Es sind Eigenschaften, welche sich parallel zum technischen und wissenschaftlichen Fortschritt entwickeln müssen.

Irgendwann blickt ein Mensch auf sein Leben zurück und muss dann für sich Rechenschaft ablegen, was er denn im Leben geschaffen hat. Er muss vor seinem Gewissen seinen Umgang mit anderen Lebewesen rechtfertigen. Und er wird bewerten ob sein Leben einen Sinn erfüllt hat. Wie schaffen wir es dem Leben einen wirklichen Sinn zu geben? Wann erfüllt ein Leben seinen Zweck? Dies sind Fragen, welche sich jeder Einzelne stellen muss. So viel Respekt gegenüber der eigenen Existenz muss vorhanden sein, damit diese nicht sinnfrei irgendwo und irgendwann in einem Grab endet.

Leider hat sich unsere Zivilisation derart entwickelt, dass uns die Zeit führ unser selbst genommen wird. Im Alltag bleibt nur ein recht kleines Zeitintervall übrig, in welchem wir frei über uns entscheiden können. Aber, und das ist das Positive, dieses Zeitintervall besteht! Wir nennen es Freizeit. Natürlich haben manche Personen mehr davon und andere weniger. Aber jeder hat sie.

Diese Freizeit ermöglicht Selbstverwirklichung, geistige Entwicklung, Förderung der Persönlichkeit, Erweiterung des Horizonts, Verbesserung der physischen Merkmale und andere Fortschritte, welche sich auf den Mensch an sich beziehen. In dieser Freizeit ist der Mensch gegenüber seinem eigenen Wesen in der Pflicht, seinen eigenen Sinn des Daseins zu erkunden. Dieser orientiert sich ganz an den Idealen der individuellen Persönlichkeit. Dafür ist Geduld ein wichtiger Indikator. Denn oberflächlich werden wir nur auf die stupiden und materiell gerichteten Werte der gängigen Gesellschaft stoßen. Dass diese keine Befriedigung und keine Entwicklung bringen, ist ein Umstand, den es zu begreifen gilt. Erst dann wird jeder seine persönlichen Interessen verstehen.

Um uns erfolgreich von diesem Verständnis unseres Lebens fern zu halten hat der Mensch eine erstaunliche Erfindung gemacht. Das Fernsehen beansprucht den kleinen Rest unserer Freizeit und rundet unseren Geist derart ab, dass Transzendenz der Persönlichkeit unmöglich wird. Es vermittelt uns Tatsachen und Werte welche wir im Grundcharakter ablehnen, aber dennoch täglich in die Umwelt tragen. Das Fernsehen verschmutzt die Psyche und hemmt das geistige Potenzial vehement.

Das Schlimme dabei ist: „Jeder tut es!". Jeder ist auch ein Teil unserer Zivilisation. Und(!), mehr Teilnehmer der Zivilisation gibt es nicht! Es gibt auch keine übergeordnete Kraft, welche uns auf den richtigen Weg bringt, wenn wir mal abweichen. Die Zivilisation sind wir. Wir erschaffen unseren Weg, unsere Zukunft, und können diese auch verbauen. Wir alle sind zu 100%

dafür verantwortlich, was in Zukunft mit uns geschieht. Dies fängt bei jedem individuellen Leben an. Die Zukunft einer Zivilisation ist abhängig von dem Werdegang eines jeden Teilnehmers dieser Zivilisation. Mit dem Fernsehen haben wir einen Feind geboren, welcher die Entwicklung der einzelnen Menschen hemmt. Somit hemmt er auch die Summe der Entwicklungen dieser Menschen, eben unsere Menschheit.

In diesem Buch werden Sie verstehen, was alles mit einem Mensch geschieht, wenn dieser sein Leben derart vergeudet. Der Horizont, das Verständnis, die Kommunikation, die Ideale, die menschlichen Werte und so weiter – alles findet maßgeblich seine Formung im Fernsehen. Das geschieht bei den einflussreichen und den einflussarmen Vertretern unserer Gesellschaft. Diese vermittelten Formen der Existenz betrachten viele mit Skepsis. Aber dennoch werden sie vom Fernsehen gestreut und, ob bewusst oder unbewusst, werden die Menschen dadurch geformt. Das Fernsehen ist von ganz anderen Dingen motiviert, als es ein lebender Organismus ist. Demzufolge kann das Fernsehen eigentlich kein so mächtiger Bestandteil des Lebens sein, was es aber ist. Mit diesen Inhalten steuern wir früher oder später ins Verderben, oder zumindest stagnieren wir in unserer Entwicklung.

Auf den folgenden Seiten werden Sie ein umfangreiches Verständnis dafür entwickeln, wie diese Einflüsse wirken und uns verändern. Die Erkenntnis daraus sollte schockierend sein und die Schlussfolgerung umso klarer. Jeder hat es dann selbst in der Hand sein Leben wieder in eine sinngebende Richtung zu lenken oder bewusst weiter am Rande des trostlosen Vergehens der Lebenszeit zu verweilen.

Kapitel 1: Das Fernsehen und dessen direkte Wirkung.

Bevor ich die Wirkungen des Fernsehens und dessen Konsequenzen auf den Menschen und sein Leben darstelle, sollten die verschiedenen medialen Typen näher betrachtet werden. Jede Kategorie hat dabei ihre ganz besonderen Eigenheiten und entsprechende Folgen daraus.

1.1. Filme

Wir alle kennen die verschiedenen Kategorien von Filmen (Thriller, Drama, Krimi usw.), weshalb hier eine Auflistung und Erläuterung eher überflüssig ist. Es wäre auch falsch besondere Kategorien gesondert zu beurteilen.
Filme haben die besondere Eigenart, dass diese in sich abgeschlossen sind. In der Regel gibt es ein befriedigendes Ende, weshalb die „Pflicht" zur weiteren Konsumierung von Folgefilmen nicht unbedingt besteht. Selbst bei Produktionen welche mehrteilige Filme umfassen, hat ein Film ein abgerundetes Ende. Welches Genre bevorzugt wird, liegt ganz an der Persönlichkeit der Person(en) selbst. Grundlegend ist es möglich, sich nicht unbedingt nach dem Fernsehprogramm richten zu müssen, da Aufzeichnungen problemlos nutzbar sind. Im Gegensatz zu Serien scheint dies ein Vorteil zu sein.
Jedoch ist die Wahl des richtigen Films absolut primär. Während der Mensch sich bei Serien nach etwas Zeit auf seine Favoriten spezialisieren kann, ist er bei Filmen von Kritiken und Meinungen andere abhängig. Wenn man bedenkt, dass ca. 2 Stunden für einen Film nötig sind, ist es für den Konsument ungemein ärgerlich, wenn die eigenen Anforderungen daran nicht erfüllt werden. Wir sollten uns immer vor Augen halten, dass wir unsere Freizeit mit der „Konsumierung" eines Filmes einsetzen. Wird unsere Freizeit mit einem schlechten Thriller verschwendet, so führt dies schnell zu einem Gefühl der Unzufriedenheit oder

sogar Frustration, worauf ich in Kapitel 8 genauer eingehen werde.

Bei einer richtigen Wahl ist es keinesfalls zu verurteilen, wenn man den Abend mit dem Schauen eines Films verbringt. Filme können zum Nachdenken anregen, verschiedene Sichtweisen offerieren, den Horizont erweitern und daher ein angenehmes Gefühl vermitteln. Leider ist es bei dem immensen Angebot sehr schwierig die richtige Wahl zu treffen, da wirklich gute Filme in sehr geringer Zahl vorhanden sind. Wobei gut in jedem Fall relativ betrachtet werden muss. Es ist keinesfalls ein konkret zuordenbares Attribut für einen Film, da Geschmäcker hochgradig verschieden sind. Daher ist auf Kritiken und Bewertungen auch nur mäßig Verlass. Wer den Abend mit einem guten Film verbringen will, der muss sich wohl einfach auf sein Gespür verlassen.

Filme zu kategorisieren und für sich auszuwählen ist auch nicht Bestandteil des Buches. Wichtig ist eher der Umgang mit Filmen. So kann man beim Fernsehen auch von einer Abhängigkeit sprechen, ähnlich wie es bei Genussmitteln getan wird. Hierbei liegt das große Problem. Es ist nicht unüblich, dass Menschen fast jeden Abend irgendeinen Film schauen. Mit großer Sicherheit kann man davon ausgehen, dass davon 90% verschwendete Zeit gewesen sind, denn gewinnbringende (emotional betrachtet) Darstellungen sind, wie schon erwähnt, selten und schwer zu finden. Oft sitzen die Menschen am Abend da und planen vorab einen Film zu schauen. Dann durchsucht man das Fernsehprogramm mit dem Ziel den besten Film heraus zu filtern. Diese Herangehensweise ist problematisch.

Anders ausgedrückt stellt sich diese Konstellation nämlich wie folgt dar. Man legt in jedem Fall fest, dass die nächsten 2 Stunden der Freizeit zum Fernsehen genutzt werden. Davon rückt man nicht mehr ab. Daraus folgend steht nun die Wahl von beispielsweise 4 Filmen, welche alle nicht den Geschmack zu treffen scheinen. Es muss(!) jedoch ein Film gesehen werden, da diese

Entscheidung zumeist dogmatisch betrachtet wird. Also sieht man ein mittelmäßiges Werk, damit die Zeit vorüber geht.

Etwas anders verhält es sich mit Aufnahmen von Filmen, bei welchen die Auswahl immens größer ist. Hierbei besteht die große Gefahr, dass das Filme schauen zum festen Bestandteil der Alltagsplanung wird. Schnell hat man sich die besten Werke bereits angeschaut und durchforstet nun die mittelmäßigen bis schlechten Ausführungen. Hauptsache ein Film wird geschaut.

In beiden Fällen, Aufnahme oder Fernsehprogramm, kann ein gewisser Grad an Abhängigkeit unterstellt werden. Als Analogie betrachten wir mal den Alkoholkonsum. Eine Person, welche jeden Abend Alkohol trinkt, gilt als abhängig. Wenn das richtige Bier nicht da ist, dann nimmt man eben die weniger geschmackvolle Alternative. Wenn kein guter Film kommt, dann nimmt man eben den Mittelmäßigen.

Über das Thema Abhängigkeit kann man ausschweifend debattieren. Es gibt Meinungen, dass jegliche Abhängigkeiten schlecht sind. Daneben wird ebenfalls postuliert, dass kontrollierte Regelmäßigkeit eine entspannende Wirkung hat und der Seele gut tut. Das Thema möchte ich nicht spezialisieren. Man kann jedoch festhalten, dass eine psychisch oder physisch geforderte Regelmäßigkeit von Inputs (TV oder Genussmittel) vermieden werden sollte. Genauso ist die Konsumierung von Filmen zu bewerten. Wenn diese in unregelmäßigen Abständen mal geschaut werden, dann ist das in Ordnung. Bei der richtigen Wahl ist es mal eine gute und entspannende Freizeitbeschäftigung. Die Betonung liegt hier auf „mal(!)". Regelmäßigkeit führt zu Abhängigkeit und muss vermieden werden. An einem Wochenende mal einen guten Film schauen ist sinnvoll. Daraus eine Konstanz zu entwickeln ist ein Fehler.

Das Sehen von Filmen sollte einen ähnlichen Status bekommen, wie beispielsweise das Wandern, das baden Gehen, eine Radtour, klettern oder andere Dinge. Wenn es mal passt, dann finden derartige Unternehmungen statt. Genauso wird auch mal ein Film geschaut: Wenn es eben passt und der letzte schon wieder 3 oder 4 Wochen her ist.

1.2. Serien

Im Bereich der Handlung gibt es 2 Arten von Serien. Es gibt jene, bei welchen diese fortführend ist und solche, bei denen in jeder Serie eine eigenständige Handlung abläuft und auch abgeschlossen wird. Vielleicht auch mal in zwei Teilen als Fortsetzung, aber mehr auch nicht.
Serien sind als eine der gefährlichsten Erscheinungen, welche das Fernsehen zu bieten hat, zu betrachten. Die große Tücke ist deren Regelmäßigkeit. Täglich läuft eine Fortführung zur gleichen Zeit auf dem gleichen Sender. Besonders gefährdet sind Personen mit festen Arbeitszeiten, welche demzufolge immer zur gleichen Zeit die Möglichkeit haben Fernsehen zu schauen. Die präsentierten Persönlichkeiten in den Serien sind in der Regel sympathisch, beneidenswert, zu bemitleiden, aufregend, draufgängerisch, ungewöhnlich schlau oder haben ganz besondere Fähigkeiten und Eigenheiten. Grundlegend ist jede Serie mit verschiedenen Charakteren bestückt, dass jeder Konsument eine Identifikationsfigur für sich findet. Nach einigen Versuchen entdeckt man auch schnell die richtige Serie für die eigenen Ansprüche.
Danach beginnt das Dilemma. Täglich schaut man die Folgen, weshalb der Alltag darauf ausgerichtet werden muss. Unbemerkt wird es zur obersten Priorität seine Freizeit(!) so zu gestalten, dass die Serie keinesfalls verpasst werden kann. Einen Ausweg aus diesem Druck scheint die Möglichkeit der Aufnahme zu bieten. Aber das ist ein Trugschluss. Der Konsument möchte die aktuellen Folgen sehen, weshalb der Mitschnitt zwar zeitversetzt, aber dennoch fast täglich geschaut wird. Die verlorene Stunde der Freizeit bleibt bestehen und der Druck die Folge sehen zu müssen ebenfalls.

Besonders gefährlich sind jene Serien, welche eine fortführende Handlung aufweisen. Das „Risiko" den Anschluss zu verlieren, indem man einige Folgen aussetzt, ist für die Betroffenen nicht zu unterschätzen. Die Serie wird daher dermaßen fordernd, dass es unmöglich erscheint aus diesem Kreis auszubrechen. Hinzu kommt der manchmal vorhandene gesellschaftliche Zwang auf dem Laufenden zu sein, damit man sich über die aktuellen Ereignisse unterhalten kann. Wenn man sich einmal genau darüber Gedanken macht, dann müssen immense Zweifel an einem derartigen Verhalten entstehen. Da reden Menschen ewig lange über irgendwelche besonderen Ereignisse in einer Serie! Allein schon ein solches Erlebnis muss den Konsumenten kritisch werden lassen.

Die etwas entschärftere Form der Serie, die mit einer abgeschlossen Handlung, ist jedoch nicht weniger gefährlich. Zwar besteht keine Gefahr nicht auf dem Laufenden zu sein, aber der Gedanke eine mögliche Folge zu verpassen führt ebenfalls zu Unbehagen. Bei diesen Serien handelt es sich meistens um Krimiserien oder Komödien. Auch hierbei entwickelt sich ein inneres Gefühl der Verpflichtung auch die kommenden Folgen zu sehen. Was organisatorisch kein Problem ist, denn in der Regel sind die meisten Menschen immer zur selben Zeit zu Hause. Und falls nicht, dann gibt es noch immer die Aufnahme.

Egal welche Handlungsform auch immer vorliegt, grundlegend haben Serien einiges gemeinsam. Sie sind optimal auf die so geliebten zeitlichen Gewohnheiten der Menschen abgestimmt, weshalb sie bequem geschaut werden können. Aufgrund der handelnden Figuren fühlt sich immer eine breite Masse der Menschen angesprochen. Es kommt dabei auch oft zur Imitation der Lieblingsfigur. Dies geschieht mehr unbewusst, da Menschen beobachtete Handlungen teilweise einfach übernehmen. Diese Eigenart hat mit der psychischen Fähigkeit „Lernen durch Imitation" zu tun. Wir beobachten eine erfolgreiche Person (in einer fiktiven TV Welt!!!), und versuchen dieser nachzueifern.

Diese ganzen Eigenschaften von Serien lassen den unweiger-lichen Schluss zu, dass sie unbedingt gemieden werden müssen. Erstens macht das sporadische Schauen irgendeiner Serie aus irgendeiner Staffel kaum Sinn (Wenn man im Bezug zum Fernsehen über Sinn und Unsinn debattieren möchte) und zweitens, würde es einen Sinn geben, also einen Kontext liefern, dann erfordert es das regelmäßige konsumieren der entsprechenden Serie, was unbedingt abzulehnen ist. Serien erfordern demnach Suchtverhalten um verstanden zu werden.

1.3. Sport

Prinzipiell könnte die Sparte Sport mit zu den Nachrichten gezählt werden. Jedoch ist die Präsenz des Sports im Fernsehen sowie in der Gesellschaft derart gewachsen, dass er auch separat betrachtet werden sollte. Seine Ursprünge hat der Sport in dem Drang des Menschen sich zu duellieren. Diese Beschreibung ist etwas allgemeiner zu verstehen, da sich dabei das Duell nicht nur auf den Kampf zweier Individuen bezieht. Es handelt sich dabei um das Kräftemessen von mindestens zwei Parteien auf einem bestimmten Gebiet. Dem ist auch nichts Schlechtes abzuge-winnen, solange die Sportler aus freien Stücken diese Aktivität durchführen und die sportspezifischen Regeln beachtet werden.
Der Mensch hat dabei jedoch ein Problem. Er neigt zum Exzessiven. Der Grad der Reinsteigerung und der Identifikation kann dermaßen ausgeprägt sein, dass sich das Sportinteresse weit über das normale Maß der Nachrichten hinaus bewegt. Hier sind wir wieder beim Suchtverhalten.
Sicherlich ist es wichtig über aktuelle sportliche Ereignisse bescheid zu wissen, allein schon aus dem Grunde der Allgemeinbildung. Vollkommenes Desinteresse über sportliche Ereignisse würde außerdem von einer gewissen Ignoranz gegenüber dem eigenen weitläufigen Umfeld zeugen.

Über die Rolle des Sports kann man derart tief greifend debattieren, was jedoch am Ziel des Buches vorbeigehen würde. Einen wichtigen Negativaspekt möchte ich jedoch näher erläutern. Man hat sich mittlerweile angewohnt, mit einer bestimmten Mannschaft zu sympathisieren. Es scheint eine Art Standard in unserer Gesellschaft zu sein. Dies führt natürlich auch zu Gruppenbildungen und zu einem gewissen Potenzial an Konflikten. Schritt für Schritt lässt sich der Zuschauer mehr in diesen Bann ziehen, woraus ein größerer Bezug zur entsprechenden Mannschaft oder dem entsprechenden Sportler entsteht. An dieser Stelle ist es wichtig Distance zu behalten. Denn das eigene psychische Wohlbefinden ist dadurch enger mit der sportlichen Partei verflochten, als man vermutet. An diesem Punkt ist der Erfolg oder Misserfolg Ursache für den Gemütszustand des Anhängers. Dies ist natürlich tragisch, denn unser Gemütszustand sollte weitestgehend von Variablen abhängen, welche wir auch beeinflussen können. Durch Arbeit, Politik und andere Dinge des Alltags sind wir schon mehr als genug von Ereignissen abhängig, welche wir keinesfalls steuern können. Der Sport ist lediglich eine bedenkliche Variable mehr, wenn man keine Distance behält.

Die Regelmäßigkeit ist bei vielen Sportarten zwar notwendig, aber kritisch. Frequentiert auf ein- bis zweimal pro Woche werden die Spiele oder Duelle ausgetragen. Es ist nur ein kurzer Weg von etwas Interesse daran und dem Verlangen regelmäßig diese Events live zu verfolgen. Auf diese Weise hat sich schnell und leicht ein neuer fester Baustein in unser Leben integriert, welcher unsere Freizeit beansprucht. Ausgeweitet wird dies noch durch diverse Analysesendungen zu den Spielen und belanglose Konversationen von „Experten", welche nix substanzielles sagen, aber die Zeit verstreichen lassen. So sind mal ganz schnell 4 oder 5 Stunden vom freien Wochenende verstrichen.

Durch die hohe Vielzahl der Sportsendungen kann dabei jeglicher Geschmack befriedigt werden. Ähnlich der personellen Struktur

von Serien sind auch sportliche Sendungen mit Charakter-
elementen bestückt, welche den Zuschauer binden sollen.
Natürlich ist dies immer Ziel der Produzenten, damit eine
Sendung eben auch gesehen wird. Der Konsument sollte sich
jedoch unbedingt hinterfragen, ob ein derartiges Verhalten in
irgendeiner Weise Sinn macht. Längst geht es bei solchen
„Nachrichten" nicht mehr um das sportliche Element, sondern um
Verstrickungen, Intrigen, Streitereien und Machtkämpfen. Genau
dies sind die Elemente, welche auch bei Serien ein so großes
Interesse wecken.

Die Sehnsucht nach irgendwelchen Dramen wird durch
Inszenierung derart ausgenutzt, dass der Zuschauer nur noch ein
handlungsunfähiger Spielball der sportlichen Parteien ist. Es
scheint mittlerweile so geworden zu sein, dass sportliche Gegner
bewusst medienwirksam inszenieren, um somit mehr
Schlagzeilen zu machen. Der ahnungslose „Dumme" ist dabei der
Zuschauer, welcher seine Freizeit verschwendet und sich über
Dispute erfreut, welche von Menschen inszeniert werden, die sich
hinter verschlossenen Türen die Hand schütteln. Sportliches
Interesse sollte daher auf ein Minimum reduziert werden und sich
auf das Wesentliche, nämlich den Sport, beziehen.

1.4. Nachrichten

Eine der wenigen positiven Seiten des Fernsehens sind sicherlich
die Nachrichten. Natürlich ist es für jeden Bürger erforderlich
über aktuelle Ereignisse informiert zu sein. Schon aus Interesse
an der eigenen Gesellschaft sollte sich jeder in einem gewissen
Maße auf dem Laufenden halten. Es ist jedoch bezeichnend für
das Niveau des Fernsehens, dass Nachrichtensendungen ungefähr
15 Minuten (abgesehen von expliziten Nachrichtensendern) im
Abendprogramm einnehmen und Serien, diverse Filme oder
Ähnliches den kompletten Rest.

Jedoch sind auch die Nachrichten kritisch zu betrachten. Der Aufgabe der Erstattung wichtiger Informationen werden sie immer weniger gerecht. Es ist erschreckend zu beobachten, wie ungefähr 1/3 der Sendezeit für „Prominews" (wer schläft mit wem, wer hat wen hintergangen, wer hat was über jemanden gesagt und andere Jugendthemen) drauf geht. Auf diese Weise wird der Gesellschaft suggeriert, dass es wichtig sei derartiges zu wissen. Natürlich ist dies eine absolut fragwürdige Bericht-erstattung und hat absolut nichts mit informativen Nachrichten zu tun.

Sehr gut lassen sich die Eigenheiten der Nachrichten mit einem Vergleich zu einer Alternative, dem Zeitung lesen, darstellen. Dabei schneiden die Nachrichten im Fernsehen in allen Belangen schlechter ab. Betrachten wir zunächst die zeitlichen Ansprüche. Nachrichten kommen immer zu einem vorgegebenen Zeitpunkt, was uns auf ein bereits bekanntes Problem zurückführt, der regelmäßigen Verpflichtung. Es bleibt kaum privater Spielraum, wenn man sich vornimmt die Nachrichten zu sehen. Beim Lesen von Zeitungen ist dies natürlich anders. Gemütlich kann sich die Zeit genommen werden, wenn diese sich anbietet. Natürlich ein enormer Vorteil.

Des Weiteren kann die Vermittlung von Informationen verglichen werden. Es ist erwiesen, dass wir beim Lesen deutlich mehr vermitteltes Wissen behalten als beim Fernsehen. Führen Sie diesen Selbstversuch einmal durch. Was wissen Sie nach einer Nachrichtensendung und was wissen Sie nach dem Lesen einer Zeitung? Seien Sie sicher, dass die Informationsaufnahme beim aktiven Lesen bedeutend größer ist. In der Regel behalten wir bei den Nachrichten lediglich die ersten ein bis zwei Beiträge, sowie den Letzten (was meistens das Wetter ist).

Die Selektion der aufzunehmenden Informationen ist ebenfalls äußerst kritisch zu bewerten. Wenn wir den Umfang einer Tageszeitung betrachten, so wird uns deren immenser Informationsgehalt auffallen. Es gibt sicherlich wenige

Menschen, welche konsequent eine Zeitung auslesen. Das ist auch nicht bedenklich, denn die Interessen sind verschieden. Jedoch, und das ist das Wichtige, entscheidet der Leser selber, was er als wichtig erachtet und somit liest. Im TV ist das anders. Aufgrund der begrenzten Sendezeit (welche außerdem noch Werbung impliziert) ist auch das Repertoire an Themen eingegrenzt. Demzufolge muss selektiert werden. Und wer tut dies? Irgendeine fremde Person eben. Diese Person entscheidet welche Nachrichten für Sie als Zuschauer wichtig und unwichtig sind. Diese Entscheidung wird ohne Kenntnis Ihrer individuellen Persönlichkeit und Interessen getroffen. Das sollte Sie sehr bedenklich stimmen.

Unter 1.6. komme ich zudem noch auf den Fakt der bereits gezogenen Schlüsse. Da dieser sich jedoch auch auf Dokumentationen und Sport bezieht, werde ich ihn erst in diesem Unterkapitel gesamt betrachten.

1.5. Dokumentationen

Dokumentationen sollten im Ansatz erst einmal positiv betrachtet werden. Je nach Thematik können kombinierte visuelle und akustische Reize die Eindrücke sehr gut vermitteln. Da viele Menschen aus Bequemlichkeit Informationen lieber aus dem Fernsehen beziehen, anstatt ähnlich angelegter Bücher oder Zeitungen, sind Dokumentationen die praktischste Alternative, um Wissen und Einblicke zu vermitteln. Jedoch sollte man auch diesen Punkt relativieren.

Man hat den Eindruck, dass Konsumenten, welche eine Dokumentation gesehen haben, etwas beruhigt wirken, da sie etwas für ihr Wissen vollbrachten. Immer öfter hört man Aussagen wie: „Es kommt eh nur Mist, außer vielleicht eine Dokumentation!" oder „Doku's sind das Einzige, was man noch schauen kann.". Dokumentationen scheinen die Rolle des guten Fernsehens zu spielen, da Sie Bildung vermitteln.

Das Problem hierbei habe ich auch bei den Nachrichten bereits angedeutet. Grundsätzlich sinkt unsere Hirnaktivität beim TV schauen auf ein Minimum herab, was natürlich auch die Informationsverarbeitung hemmt. Würden Sie einmal einen Vergleich anstellen, bei welchem Sie zu einem bestimmten Thema ein Buch lesen und zu diesem Thema eine Dokumentation schauen, dann könnten Sie alarmierendes feststellen. Das Wissen, welches Sie von der Dokumentation behalten, ist nur ein Bruchteil des Wissens, welches Sie durch das geistig aktivere Lesen vermittelt bekommen. Lesen erfordert Konzentration, Aufmerksamkeit und Interesse. Alles Eigenschaften, welche für das Verstehen einer Thematik essenziell sind.

Zudem läuft eine Dokumentation einfach ab (aus temporärer Perspektive). Dies bedeutet, dass Fakten sehr schnell verloren gehen, da sie nicht vermittelt wurden. Zum Vergleich: Wenn Sie ein Sachbuch lesen, dann geschieht es sehr oft, dass einige Stellen mehrfach durchgearbeitet werden müssen, damit es zum Verständnis führt. Dies ist normal, da es sich um ein noch unbekanntes Thema handelt. Daraus muss man schlussfolgern, dass derartiges Verhalten auch bei einer Dokumentation erforderlich ist. Es ist jedoch vollkommen unüblich, dass eine Person während dem Schauen einer Doku mehrfach zurück spult, um spezielle Aussagen zu verstehen. Man nimmt diese einfach als nicht verstanden hin, weil sowieso schon wieder neue Fakten auf die Person einwirken, welchen es zu folgen gilt. Dies führt nun dazu, dass der Zuschauer nur irgendwelche Bruchstücke und Halbwahrheiten behält, welche kaum Überblick über das entsprechende Thema verschaffen. Eine ziemlich ernüchternde Tatsache, wenn man davon ausgeht, dass ernsthaftes Interesse an dem Thema besteht.

Es kann also festgehalten werden, dass die Intention eine Dokumentation zu schauen zwar gut ist, jedoch aus dieser heraus lieber ein Buch gelesen werden sollte. Schlussendlich ist es bei einer Doku eben ähnlich wie bei anderen Programmen. Sie wird gesehen, man staunt episodenweise sicherlich, aber danach weiß der Nutzer nicht viel mehr als vorher.

Vielleicht kann man einer Dokumentation als positiv abgewinnen, dass sie für ein Thema Neugierde wecken kann. Durch die umfassenden visuellen und akustischen Eindrücke wird der Zuschauer auf mehreren Ebenen stimuliert, was beim Lesen nur bedingt möglich ist. Auf diese Weise ist es einfacher möglich einen Zugang zu einem Thema zu schaffen. Ist dieser Weg erst einmal gefunden und Interesse an einem Thema geweckt, dann gilt es ernsthafte Informationen darüber zu erlangen. Dies ist jedoch nicht durch das Fernsehen möglich, sondern durch lesen und eigenes aktives Handeln, im Bezug zu der entsprechenden Thematik. Es klingt fasst ein wenig ironisch, dass Dokumentationen die Sendungen sind, welche die Richtung geben können sich vom Fernsehen loszureißen.

1.6. Vorsicht bei bereits gezogenen Schlüssen!

Das Problem des bereits gezogenen Schlusses bezieht sich auf Sendungen, welche Informationen vermitteln. Hierunter zählen Nachrichten, Sportnachrichten sowie Dokumentationen. Unter diesem Punkt ist Folgendes zu verstehen. Alle diese Sendungen vermitteln Fakten, Statistiken und Meinungen. Derartige Quellen sind keinesfalls so objektiv, wie man es vermuten würde. Daran orientiert in welchem Kontext diese geliefert werden, sagen sie auch ganz Unterschiedliches aus. In Kombination mit entsprechenden Formulierungen und Betonungen ist es sehr einfach eine ganz gezielte Schlussfolgerung des Konsumenten zu erzielen.

Besonders auffällig ist das bei Dokumentationen. Zum einen werden die Fakten so geliefert, dass die gewollte Meinung erzielt wird und sie werden unterschwellig mit entsprechenden Wertungen versehen, weshalb wir als Zuschauer diese Fakten für besonders wichtig oder eher wertlos erachten.

Auf diese Weise spielt das Fernsehen einen seiner Trümpfe als Meinungsgeber und Steuerelement für die Gesellschaft aus. Der Mensch mag keine Unklarheiten. Neben dem Interesse informiert zu sein möchte er auch eine Entscheidung treffen. Natürlich ist der Drang nach einer Entscheidung themenabhängig, denn eine Entscheidung nach beispielsweise einer Dokumentation über Ameisen zu treffen ist unnötig (außer der Bericht ist polarisierend angelegt).

Als Analogie betrachten wir einmal das aktuelle Thema der Erderwärmung. Nun gibt es darüber sehr viele, recht informative, Sendungen. Dieses Thema polarisiert in 2 Gruppen. Einmal jene Gruppe, welche den Menschen dafür verantwortlich macht und die andere Gruppe, welche dies negiert und die Entwicklung in natürlichen Ursachen sieht. Was glauben Sie? Für beide Meinungen gibt es einschlägige Beweise. Interessant ist, dass man nach einer Berichterstattung dazu eine konkrete Meinung hat. Allein schon dieser Fakt muss uns stutzig machen. Wissenschaftler beschäftigen sich seit Jahren intensiv mit dem Thema und vermögen keine klare „Schuldzuweisung" auszusprechen. Wieso können wir das, wenn wir eine 45-minütige Dokumentation darüber gesehen haben? Nicht weil wir aufgeklärt sind, sondern weil wir manipuliert sind. Die Entscheidung, auf welche Seite wir uns begeben, haben wir jedoch nicht selbst getroffen. Diese stand schon fest, bevor wir die entsprechende Sendung geschaut haben. Klar ist Eines. Zu diesem Thema gibt es Sendungen, welche den Mensch beschuldigen und Sendungen, welche den Mensch entlasten und natürliche Zyklen postulieren. Diese Erkenntnis ist alarmierend. Unsere Meinung ist von den Berichterstattern abhängig und nicht von der Abwägung objektiver Fakten und Beweise. Die Berichterstatter/Produzenten haben bereits vorher eine klare Vorstellung, welche Position/Meinung die Sendung vermitteln soll. Anhand dieser Vorgabe werden nun passende Fakten zusammengetragen. Sind diese gesammelt, werden sie derart zusammengestellt, dass dem Zuschauer nur ein möglicher Schluss zur Verfügung steht. Das ist jener, welcher von Anfang an beabsichtigt gewesen ist. Objektivität ist daher zwar ein ehrenwertes Ziel, jedoch eine Illusion.

Natürlich ist derartiges auch in Büchern möglich. Auch da können Fakten so präsentiert werden, dass der Leser die gewünschten Schlüsse zieht. Aber in schriftlicher Form ist das zurechtlegen von Fakten nicht so einfach, wie in Sendungen. Wie an anderer Stelle bereits erwähnt, vermittelt Lesen mehr Wissen. Beim Schauen einer Dokumentation haben wir oft nicht die Zeit und die geistige Aufmerksamkeit, um die Fakten wirklich zu verstehen. Daher achten wir, bewusst oder unbewusst, auf Schlussfolgerungen, welche uns die Sendung gibt. Dies erspart uns das Nachdenken, da es bereits jemand anderes für uns getan hat. Somit siegt die Bequemlichkeit. Zudem ist die Überprüfung von Fakten nicht so leicht. Wenn Informationen etwas schwammig oder vernebelt präsentiert werden, dann machen wir uns kaum die Mühe die Sendung zurück zu spulen. Wir überlegen vielleicht wie die bestimmte Aussage gewesen ist, aber dabei bleibt es in der Regel. Ein Buch jedoch ist, wir haben es bereits erwähnt, weitaus transparenter. Schnell schlagen wir mal eine vorige Seite auf, lesen Passagen mehrmals und gelangen somit zum Verständnis. Ein Buch ist auf nachvollziehbare und richtige Fakten angewiesen. Bücher, welche dem nicht entsprechen, werden schneller entlarvt.

Diese Feststellung kann man analog auf Nachrichten und deren schriftliches Pendant, die Zeitung, übertragen. Auch wenn in Nachrichten die Fakten stimmen müssen, so ist die Präsentation derselben noch immer ausschlaggebend für die Meinung des Konsumenten.

Fernsehen ist somit ein überragendes Mittel, um eine freie Meinung zu suggerieren. Tatsächlich sind polarisierende Informationssendungen so angelegt, dass die zu ziehende Meinung bereits vorab definiert ist. Aufschluss darüber geben zumeist die letzten 5 bis 10 Minuten einer entsprechenden Sendung. Dort werden Fakten komprimiert, bewertet und der daraus folgende Schluss klingt logisch und muss richtig sein.

Stattdessen sollten wir uns im Klaren darüber sein, dass wir nicht zu Allem eine Meinung haben müssen. Wir müssen Wert darauf legen uns eine Meinung zu bilden, wenn wir genügend informiert sind. Eine wichtige Lektion, auch im privaten Bereich bei zwischenmenschlichen Beziehungen. Der Drang schnell eine Meinung fassen zu wollen liegt in unserer Natur und lässt uns so manche Tatsache ignorieren. Das Fernsehen unterstützt diesen Vorgang in seiner Art der Präsentation akribisch.

1.7. Werbung

Die Werbung ist wohl das Element im Fernsehen, welches offensichtlich von vielen Konsumenten kritisch beurteilt wird. Deren Wirkung genauer zu untersuchen ersparen wir uns an dieser Stelle. Viel sinnvoller ist es die Werbung als Analogie zum Fernsehverhalten allgemein heranzuziehen.

Wie verhalten sich die durchschnittlichen Zuschauer bei Werbung? Die meisten empfinden diese als Belastung. Sie unterbrechen die Handlung und der Inhalt ist nicht sehr relevant. Entweder wird dann wild umher geschalten, um irgendwo ein paar Minuten eines anderen „interessanten" Programms zu erhaschen, oder man beugt sich dem und lässt sie laufen. In jedem Fall erfolgt eine bestimmte Reaktion der Aufmerksamkeit, da die Werbung als Zeitverschwendung und vollkommen informationslos (für den Konsumenten) erachtet wird. Jedoch habe ich noch nie eine Person erlebt, welche in dieser Zeit den Fernseher ausschaltet. Warum eigentlich nicht? Als Pendant dazu betrachten wir das orientierungslose hin- und herschalten, bis die Zeit verstrichen ist. Verzweifelt versuchen wir in dieser Zeit dem Fernsehen einen Sinn zu geben. Dass dieses Vorhaben zum scheitern verurteilt ist, ist von Beginn an klar. Denn alle

Sendungen sind dann aus dem Kontext gerissen und nur Bruchstücke von „Informationen".

Die Alternative ist es, sich durch die Werbung eben berieseln zu lassen. Diese 5-7 Minuten Werbung gelten jedoch als nervige Last, welche einfach nur aus dem Leben geschnitten werden. Was anderes tun wir nicht. Wenn man diese bewusst schaut, dann regen wir uns spätestens nach der Hälfte über die Länge auf. Wir beschweren uns über den großen Anteil an der Sendezeit und starren dennoch auf den Fernseher. Vielleicht unterhalten wir uns mal oberflächlich, mehr aber auch nicht. Dieses Gefühl der Überflüssigkeit und der verschenkten Zeit dürfte jedem Zuschauer geläufig sein. Und an diesem Gefühl sollten Sie ansetzen.

So wie ein durchschnittlicher TV – Konsument die Werbung betrachtet, so sollte das Fernsehen an sich betrachtet werden. Was machen viele Menschen, wenn sie spät abends heim kommen? Sie schauen „noch etwas fern, bevor sie dann zu Bett gehen". Was macht das bitte für einen Sinn? Man kann es auch anders ausdrücken. „Es ist noch zu früh um zu schlafen. Da lasse ich die nächste Stunde beim Fernsehen verstreichen, damit dann die Zeit reif ist um schlafen zu gehen." Oft schalten wir nämlich den Fernseher ein, weil wir nicht wissen wie die Zeit herumzukriegen ist und wir aus Gewohnheit auf diese Weise am einfachsten die Zeit verstreichen lassen. Ist das Leben wirklich so lang und gefüllt mit so wenigen Möglichkeiten, dass wir warten können, damit die Zeit vergeht?

Die Rolle der Werbung während einer Sendung spiegelt ganz genau die Rolle des Fernsehens im Leben wieder. Das Potenzial eines jeden Menschen ist einfach zu schade, als dass man es wartend zu Ende bringt. Die spärliche Freizeit, welche dem Durchschnittsbürger zur Verfügung steht, ist mehr Wert, als dass man auf deren Vergehen wartet. Die Werbung zu ignorieren, dafür haben wir Methoden gefunden. Das Fernsehen zu ignorieren muss der nächste Schritt sein.

Zum Abschluss an dieses Kapitel der Werbung etwas zum überlegen. Wenn Sie einen Film schauen und die Werbung hierbei die Rolle spielt, welche hier beschrieben ist, dann bedenken Sie bitte Folgendes. Die Werbezeit liegt ca. bei einer halben Stunde. Wenn Sie die Werbung als sinnlos erachten, dann haben Sie nach eigener Einsicht eine halbe Stunde verschenkt, welche mit Freunden, dem Partner oder den Kindern hätte verbracht werden können. Eine simple Unterhaltung von einer halben Stunde kann so viel bewirken und Gutes tun. Sie erweitert den Horizont, führt zusammen und tut einfach gut, da Unterhaltungen schlussendlich immer zum Nachdenken anregen. Die Zeit haben Sie aber nicht mehr, denn sie musste mit Werbung überbrückt werden.

Kapitel 2: Der Alltag des Menschen und die Rolle des TV.

Der Alltag des Menschen definiert die Art seines Lebens. Führt man ein „gutes" oder ein „schlechtes" Leben? Was betrachtet man selbst als ein gutes Leben? Diese Frage ist leicht gestellt, aber sehr schwer zu beantworten. In Kapitel 10 gehe ich genauer auf derartige Sichtweisen und Betrachtungen ein. Eine große Hilfe hierbei ist die Philosophie. Wer spürt, dass es im Leben einer Änderung bedarf, der sollte unbedingt solche fundamentalen Fragen an sich selber stellen. Auf die Antwort kommt man, wie in der Philosophie Fragen und Antworten entstehen, durch das Denken. Einfach mal hinsetzen, externe Einflüsse minimieren und sich über sein Bild der Realität und sein Ideal eines guten Lebens Gedanken machen.
Statistisch gesehen schaut der durchschnittliche Bürger etwas mehr als 3 Stunden täglich fern. Eine erschreckende Zahl. Hierbei muss man sich natürlich vor Augen halten, dass derartige Zahlen von extremen Ausreißerwerten gepusht werden. Es gibt Menschen, welche sehr viel Zeit haben und daher täglich 9-10

Stunden fernsehen. Diese Werte nennt man Ausreißerwerte, da sie vom Durchschnitt extrem abweichen. Es gibt kein revidierendes Pendant als Wert, da die kleinste Zahl bei nur 0 Stunden liegen kann, und nicht in den Negativbereich reicht. Somit haben die Werte nach oben hin viel mehr Ausprägung (bis max. 24 stunden) als nach unten, ausgehend vom errechneten Durchschnittswert. Ich möchte Sie mit diesem trockenen Thema der Statistik nicht zu lange konfrontieren oder diese Zahl bagatellisieren. Der arbeitstätige Mensch liegt bei diesem Wert in der Regel etwas darunter, sodass hier ca. 2 Stunden veranschlagt werden können. Im Grunde ist der Durchschnitt auch nicht so wichtig, da es um das Leben des Individuums geht und nicht um das „Durchschnittsleben" der Gesellschaft.

2.1. Externe und interne Ursachen für die tägliche Zeitplanung.

Unser Alltag ist von Regelmäßigkeit bestimmt. Wir verbringen täglich ungefähr die gleiche Zeit auf Arbeit (dies impliziert auch Schichtarbeiter), haben ein eingepegeltes Essverhalten, legen ähnliche Wege zurück, treffen die gleichen Personen, haben die gleichen sozialen Verpflichtungen, machen die gleichen Besorgungen und andere Dinge. Etwas anders ist dies bei Schichtarbeitern. Jedoch fallen auch da die gleichen Routinetätigkeiten an, nur eben zeitversetzt. Wie wirkt sich ein solcher Ablauf auf die Moral aus? Im Grunde liebt der Mensch Stabilität. Eine vorhandene Gewissheit, was uns die nächsten Tage erwartet, gibt uns Planungssicherheit. Personen, welche einen sehr zeitaufwändigen Beruf haben, oder aufwändige soziale Verpflichtungen, sind noch mehr auf Planungssicherheit angewiesen. Während wir an unseren Plänen sitzen, merken wir wie die (kostbare) Zeit an uns vorüberzieht. Eine Weile empfinden wir es als „freien Willen" wenn die folgenden Tagesabläufe durchdacht werden.

Jedoch sollte früher oder später bei jedem Menschen Skepsis aufkommen. Irgendwann merken wir nämlich, dass wir kaum eigene Intentionen in die Pläne einbringen können. Wenn wir unsere Arbeitszeit betrachten, dann ist diese fest definiert. Daraus folgend sind unsere täglichen Erlebnisse in groben Zügen eingeschliffen. Soziale Verpflichtungen können etwas geschoben werden, müssen sich aber an festgeschriebenen Aufgaben orientieren. Schnell merken wir, dass unser freier Wille über unser alltägliches Leben gar nicht so frei ist. Der größte Teil der Zeiten und Aufgaben besteht aus festen Dogmen. Wir überlegen nicht ob wir was oder wann wir dieses machen, sondern wie wir uns verbiegen können, damit wir dies bewältigen. Das ist ein ganz großer Unterschied. Man kann die festen Tagesstrukturen als entfernte Analogie mit „Gefängnis" betiteln. Zwar ist dessen Erscheinung gegenüber dem klassischen Gefängnis ganz anders, aber Entscheidungsfreiheit gibt es auch nicht. Weiter betrachtet sind die gesellschaftlichen Entwicklungen und Normen derart beschränkend, dass es uns an wahrer Freiheit mangelt. Auch wenn es ein schönes Gefängnis ist (immerhin haben wir Freigang in die Welt), so bleibt es immer noch ein Gefängnis. Externe Regeln, Menschen und Umstände beschränken unseren freien Willen enorm.

Dieser Unterschied gegenüber einem freien Leben muss erkannt werden. Wenn wir nun realistisch sind, ist diese Situation nicht veränderbar, weshalb wir es als gegeben akzeptieren und darüber kaum noch nachdenken. Die Zivilisation drückt uns in dieses Schema und das müssen wir akzeptieren.

Halten wir also Folgendes fest. Wir gehen 9 Stunden arbeiten (incl. Arbeitsweg), schlafen 8 Stunden, essen und einkaufen 2 Stunden, soziale Verpflichtungen 1 Stunde und auch andere Erledigungen 1 Stunde. Natürlich sind dies geschätzte Durchschnittswerte. Manche gehen länger Arbeiten, andere haben aufwändigere soziale Verpflichtungen oder mehr Erledigungen. Aber ungefähr kommt diese Aufstellung hin. Das alles sind festgeschriebene Faktoren, welche wir nicht oder nur bedingt beeinflussen können. Diese haben absolut nichts mit freiem Willen zu tun, das was das Leben und den Menschen ausmacht. Es bleiben somit 3 Stunden Zeit! Mit dieser Tatsache gehen wir über zu den internen Ursachen.

Interne Ursachen sind dem freien Willen unterstellt und definieren letztendlich ob wir einen guten Tag haben. Ein guter Tag kann demzufolge nicht sein, dass wir unsere täglichen Aufgaben bewältigt haben. Diese sind eher eine Pflicht und haben wenig mit uns als Mensch zu tun. Interne Ursachen sind beeinflussbar und vollständig vom Individuum abhängig. An diesen kann sich unsere Persönlichkeit entfalten. Es liegt an unserer Kreativität, wie wir unsere Einflüsse auf unser Leben, unseren Alltag, einsetzen.

2.2. Die Wirkung von Zeitdruck auf den Menschen.

Nachdem wir die externen und internen Ursachen für unsere alltägliche Routine betrachtet haben, lässt sich etwas sehr klar schlussfolgern. Täglich lastet ein enormer Zeitdruck auf jedem Einzelnen. Man sollte hierbei nicht unbedingt Unterschiede zwischen verschiedenen Berufsgruppen machen, was immer wieder gern getan wird. Manche Menschen, welche eine beispielsweise 60-Stundenwoche haben, bagatellisieren gern den empfunden Zeitdruck von anderen, welche vielleicht 38 Stunden arbeiten gehen. Von dieser Auffassung sollte man abraten. Das Empfinden von Zeitdruck orientiert sich nicht an objektiven Maßstäben. Zeitdruck wird gespürt. Sobald ein neuer Faktor zu den täglichen Regelmäßigkeiten hinzukommt, wird dies als negativ, eben als zeitliche Last, empfunden. Andersrum sorgt das Wegfallen von Verpflichtungen für Wohlbefinden, da mehr Flexibilität, mehr freier Wille, entsteht. Wir halten also fest, dass Zeitdruck ein subjektives Empfinden des Einzelnen ist. Jeder, dessen flexible Freizeit Einschränkungen erfährt, wird das Gefühl des Zeitdrucks spüren.

Was wirkt dabei so negativ? Oft hört man die Einstellung, dass es gut ist, wenn man zu tun hat. Das bedeutet, dass „Es" läuft und man eine wichtige Rolle übernimmt. Die Person wird gebraucht und kann einen nutzvollen Beitrag leisten. Zudem erfüllt es einen auch mit Stolz, wenn man viele Aufgaben meistert und Erwartungen erfüllt. Diese Umstände an sich führen nicht zu dem negativen Gefühl. Was ist es dann? Negativ wirkt ausschließlich das Wissen um die eigene Person. Das Individuum an sich ist an Fortschritt orientiert. Die körperliche Leistungsfähigkeit, der geistige Horizont und die Gesundheit sind Prinzipien, an welchen sich unser Wohlbefinden misst. „Ausgleich schaffen" ist beispielsweise die gängige Beschreibung für sportliche Aktivität, welche den alltäglichen Stress kompensieren soll. Dieser Fakt der eigenen psychischen und physischen Entwicklung ist somit allgemein bekannt, nur wird er nicht bewusst umgesetzt.

Die Beschreibung „Zeitdruck" ist somit etwas irreführend. In der Regel schieben wir innere Unruhe, Unausgeglichenheit und andere Stressmerkmale auf den Zeitdruck. Der Mensch ist aber nicht in einem entsprechen desolaten psychischen Zustand, weil er Zeitdruck hat, sondern weil seinem Körper die eigene Entwicklung (welche evolutionär immer Priorität für biologische Organismen hat) fehlt.

Warum fehlt die Zeit? Diese Frage kann nicht beantwortet werden, ohne eine andere vorab zu klären. Wie viel Zeit brauchen wir denn? Brauchen wir 2 Stunden für uns? Sind es nur 20 Minuten? Für 2mal Sport in der Woche brauchen wir jeweils 30-45 Minuten. Reicht das? Um uns geistig zu fordern genügt ein anspruchsvolles Rätsel, um den Horizont zu erweitern. Wie lange dauert dessen Lösung, vielleicht 60 Minuten? Wenn wir uns darüber genauer Gedanken machen, merken wir schnell, dass es nur ein Spruch, eine Floskel, ist, wenn wir sagen: „Mir fehlt die Zeit!". Zeitdruck wird somit nicht empfunden, sondern der

Mangel an der eigenen Entwicklung. Diesen Mangel schieben wir gern auf externe Ursachen und bezeichnen dieses Gesamtkonstrukt als Zeitdruck.

Was können wir nach dieser Feststellung nun tun? Natürlich lenke ich jetzt unweigerlich auf den beliebten Lückenfüller, den Fernseher. Lückenfüller im Kontext der in diesem Kapitel gebrachten Darstellung ist eine sehr treffende Metapher. Beispielsweise spielt sich der Alltag eines durchschnittlich arbeitenden Menschen wie folgt ab. Früh wird etwas gegessen und nebenher läuft TV. Meist besteht nur eine berieselnde Wirkung, da schnell gegessen wird und dann schon die Pflicht ruft. Nach einem stressigen Tag kommt man nun 19 Uhr nach Hause. Jetzt gibt es Abendessen. Dann wird es spannend. Was kommt danach? Richtig! Die „Klotze" an und die Zeit bis zum schlafen gehen, mutmaßen wir einmal 23:00 Uhr, wird überbrückt. Wir erinnern uns an die Analogie zur Werbung? Hier haben wir die nächste Ebene: der Fernseher als Lückenfüller zwischen essen und schlafen. Ganz sicher ist bei dem Beispiel Folgendes. Nicht der stressige Tag führt zu Unwohlsein, sondern die verschenkte Zeit mit dem Fernseher. Der stressige Tag gehört zum Leben dieser Person, da der Beruf nun mal ausgeübt werden muss. Schließlich muss Geld verdient werden. Aber(!) diesen stressigen Tag als Begründung dafür anzusetzen, dass man nun durch vermeintliche Entspannung (beim Fernsehschauen) die restliche Freizeit verschwendet, ist absolut unlogisch. Diese Verschwendung allein führt zu Unwohlsein, Reizbarkeit und andere Zeichen für Stress.

Leider ist das Verständnis der Gesellschaft gerade andersrum gepolt. Diese Aussage ist folgendermaßen zu verstehen. Gerade dann, wenn ein Alltag besonders aufreibend und umfangreich ist, ist die eigene Entwicklung (psychisch und physisch) ein unheimlich essenzielles Element. Daher ist es umso wichtiger die restliche Zeit für sich nutzbar zu machen. Jedoch kursiert in der Allgemeinheit genau die gegenteilige Meinung. Dieser harte aufreibende Alltag wird regelrecht als Begründung dafür genommen, dass man fernsieht. „Es war so ein stressiger Tag, jetzt will ich einfach nur die Talkshow schauen." Dieses Denken ist ein fundamentaler Fehler. Die Aussage muss anders lauten: „Es war so ein stressiger Tag, die nächsten 2 Stunden kümmere ich mich aktiv um mich und meine Interessen!". Das Wort aktiv ist hierbei sehr wichtig. Denn nur Aktivität kann zu Entwicklung führen und nur Entwicklung kann Wohlbefinden zur Folge haben. Was genau unter Entwicklung zu verstehen ist, dass hängt von jedem Einzelnen ab. Manche sind sportlich ambitioniert, andere wollen Naturwissenschaften verstehen, knifflige Rätsel lösen, ihre Logik trainieren oder mit einem Teleskop die Sterne beobachten. Alle diese Dinge führen zu Einsicht, Verständnis und Entwicklung. Das sind Auswirkungen welche wir benötigen, uns das Fernsehen aber niemals geben kann.

2.3. Fernsehen - der externe Zeitgeber.

Das Gefühl, welches wir als Zeitdruck beschreiben, wird ausschließlich von externen Ursachen erzeugt. Wenn man die durchschnittliche Zeit des Fernsehens als Maßstab ansetzt, dann hat diese „Beschäftigung" nach Schlafen und Arbeiten gehen den drittgrößten Anteil des Tages. Schlafen können wir in unserer folgenden Betrachtung einmal unberücksichtigt lassen. Arbeiten gehört eindeutig zu den externen Ursachen. Danach folgt das Fernsehen, auf dessen Ursache ich gleich eingehen werde. Auf das Fernsehen folgend sind soziale Verpflichtungen, organisatorische Dinge (einkaufen oder andere Erledigungen) und dann häusliche Pflichten. Das Fernsehen, immerhin auf Stufe 2, ist ebenfalls ein externer Zeitgeber. Feste Sendezeiten definieren unsere Alltagsplanung. Dass Sendungen aufgenommen werden können und somit etwas Flexibilität entsteht spielt dabei eine sehr geringe Rolle. Sobald sich eine Regelmäßigkeit in unser Fernsehverhalten eingeschlichen hat, empfinden wir eine

Verpflichtung auch diese Aufnahmen zu sehen. Sie können zwar zeitlich etwas geschoben werden, aber der Anspruch an temporärem Aufwand ist genau der Selbe.

Wir erinnern uns, dass das negative Gefühl ursächlich nicht direkt vom Zeitdruck kommt, sondern vom Mangel an freiem Willen gegenüber der eigenen Lebenszeit. Diese Macht der freien Entscheidung gibt uns ein gutes Gefühl, dessen Einschränkung ein unangenehmes Gefühl.

Betrachten wir einmal folgende Situation. Eine Person ist auf eine bestimmte Serie fixiert, welche täglich zur festen Zeit gesendet wird. Zwischen Sendezeit und Arbeit ist ein wenig freie Zeit vorhanden. Diese Person hat einen primären Gedanken. Nachdem die externe Ursache, die Arbeit, abgeschlossen ist, wird geplant wie etwaige Besorgungen und Aufgaben organisiert werden können, damit pünktlich zum Sendebeginn alles erledigt ist. Auch wenn es als freier Wille erscheint, dass die Sendung geschaut werden soll, so hat sich dieser Wille als feste Regel in das alltägliche Leben manifestiert. Es steht nämlich nicht mehr zur Debatte, ob die Sendung geschaut wird oder nicht, sondern wie man es organisiert, dass diese Sendung gesehen wird. Nach der Arbeit könnte, nach einigen täglichen Pflichten, eine komplette Phase von freier Zeit (bestimmt vom freien Willen) folgen. Tut sie aber nicht! Die Pflicht zum regelmäßigen Fernsehschauen ist für unser Wohlbefinden genauso gewichtet, wie die Pflicht früh aufzustehen, das Kind aus dem Kindergarten zu holen, einen Termin wahrzunehmen oder andere ähnliche Dinge. Nur diese Dinge sind keinesfalls so zeitaufwändig wie eine entsprechende Serie (oder Sendung), welche mindestens eine Stunde beansprucht.

Um es nochmals zu verdeutlichen. Wir haben mit dem Fernsehen aus eigenem Antrieb eine externe Ursache im Leben manifestiert, welche unsere Zeit beansprucht. Dies ist ein fataler Fehler. Im Laufe der Entwicklung unserer Gesellschaft hat sich ein Freizeitpol entwickelt, welcher täglich bei 2-3 Stunden liegt. Ein

Mensch kann mit diesen 2-3 Stunden Zeit für seinen freien Willen glücklich werden, wenn er diese auch nutzt. Wir erinnern uns, dass Fernsehen die Rolle des Überbrückens von einem gewissen Zeitintervall spielt. Ob nun geplant (mit täglichen Serien) oder spontan gelegt (man schaut noch eine Stunde, bevor man schläft), der Effekt bleibt der Selbe.

Ein weiteres Problem dabei ist, dass der Konsument in dieser Konstellation viel gereizter ist, als wenn er die freie Zeit auch mit freiem Willen verbringt. Eine spontane Änderung der Umstände, welche die Sendezeit gefährden können, wird wie eine Bedrohung bewertet. Überempfindlich reagiert man auf derartige Ereignisse, selbst wenn es dabei um nahe Angehörige geht. Sätze wie: „Lass mich das doch jetzt mal zu Ende schauen!", „Ich will jetzt meine Sendung sehen!", „Warum sagst du mir das, wenn meine Serie beginnt?", „Ich kann nicht, meine Sendung läuft doch gerade." usw., sind ganz klare Anzeichen für diese Bewertung als empfundene Bedrohung. Oberste Priorität ist das Abwenden von Störelementen, da diese gegen die Pflicht der Sendung verstoßen.

Diese Bewertung mag etwas extrem klingen, entspricht aber fest den Tatsachen. Natürlich sind nicht alle Personen in gleichem Maße so extrem, jedoch ist eine gewisse Ausprägung von Schutzverhalten beim Fernsehschauen in den meisten Fällen zu beobachten. Vielleicht kommen Sie mal in den Genuss solch ein Verhalten zu betrachten. Das Dramatische dabei ist, dass dieses Auftreten als normal angesehen wird, einfach weil es sehr oft erlebt werden kann und es viele Menschen auch von sich selbst her kennen.

Mit einem Vergleich kann der Verhaltensunterschied deutlich gemacht werden. Wenn eine Person, welche gerade ein Puzzle bearbeitet, auf irgendetwas angesprochen wird, dann unterbricht diese in der Regel die Tätigkeit. Bestenfalls hört man als Reaktion: „Warte mal kurz, ich muss das nur schnell anlegen." oder Ähnliches in dieser Art. Wichtig ist, die Person ist nicht von der Tätigkeit eingenommen, oder beherrscht. Spricht man jedoch einen Menschen an, welcher gerade eine Serie sieht, dann ist die Reaktion meistens anders. Grundsätzlich ist der Konsument etwas genervt, was manche Leute raus lassen und andere eher unterdrücken. Die Angst was zu verpassen und kleine Perioden der fest definierten Sendezeit zu verlieren löst Unwohlsein aus. Daran ist deutlich die negative Wirkung von regelmäßigem Fernsehen zu erkennen. Manchmal wirkt sogar das absehbare Ende der Sendezeit frustrierend, sowie auch die viel zu lange Werbeunterbrechung.

Fazit ist wie folgt: Das Fernsehen darf nicht weiterhin als externe Ursache der festen Tagesplanung fungieren. Dabei sollten Sie sich nix schön reden. Auch zeitlich zu variierende Aufnahmen provozieren eine Regelmäßigkeit, welche eine ähnliche Wirkung zur Folge hat. Ihr freier Wille muss sich während der spärlichen, täglichen und wahren Freizeit entfalten können. Nur so werden Interessen, Hobbys und soziale Kontakte für Wohlbefinden sorgen können.

2.4. Der Mensch ist eine Maschine, die nicht denken soll.

Trotz seiner negativen Wirkung auf die Lebensqualität genießt das Fernsehen eine so flächendeckende Beliebtheit. Interessant dabei ist, dass den Menschen dessen schlechte Wirkung durchaus bewusst ist. Wenn man jemanden direkt auf das Fernsehverhalten anspricht und eine eigene Stellung dazu erfragt, dann ist diese Meinung oft recht nüchtern und kritisch.

Zur weiteren Betrachtungen muss ich zunächst etwas weiter ausholen. Die Position einer Branche in unserer Gesellschaft lässt sich ganz gut an dessen Umsätze bewerten. Umsätze beziehen sich natürlich auf das Geld. Betrachten wir zunächst die Rolle des Geldes. Bevor es ein einheitliches Zahlungsmittel, in Form von Edelmetallen, Schmuck oder eben Geld, gab, wurden Waren direkt getauscht. Jeder Bürger schaffte bestimmte nutzbringende

Produkte und tauschte diese dann gegen andere Produkte, welche für ihn lebensnotwendig gewesen sind. Der direkte Tausch von Waren war jedoch umständlich. Einmal ist der Transport der Güter ein Problem gewesen und natürlich die wertgenaue Entlohnung. Während bei heutigen Preisen ein Produkt bis auf 2 Stellen nach dem Komma genau angepriesen ist, war dies beim direkten Gütertausch kaum möglich. Diese Tatsachen lähmten den Handel. Die Aufgabe des Geldes ist nun schnell erklärt. Wird dieses nämlich eingesetzt, dann ist der Handel um ein Vielfaches erleichtert. Geld läst sich leicht transportieren, es ist in seiner Menge genau dosierbar und genießt eine universelle Akzeptanz. Der Tausch von Waren gewann durch die Einführung von solchen Zahlungsmitteln erheblich an Flexibilität. Worauf möchte ich nun mit dieser Schilderung hinaus? Geld tauschte immer Waren gegeneinander, welche geschaffen wurden und im Sinne der Gesellschaft so leicht weitergereicht werden konnten.

Im Kontext dessen betrachten wir einmal die immensen Umsätze der Medienwelt. Filme kosten in ihrer Produktion viele Millionen Euro (oder Dollar). Die Fernsehrechte an Sportsendungen lassen sich die entsprechenden Sportverbände oder Vereine Unsummen kosten. Die umgesetzten Beträge stehen in keiner Relation mehr zum klassischen Charakter des Geldes. Sie werden jedoch bezahlt, weil die zu erwartenden Einnahmen (beispielsweise Werbung) diese immensen Kosten übersteigen. Um jetzt nicht zu weit in diese Thematik abzuschweifen, halten wir einfach kurz fest. Aufgrund von Werbeeinahmen und Fernsehrechten fließen enorme Summen in die Medienwelt, von welcher das Fernsehen einen gewichtigen Anteil präsentiert. Ziehen wir einmal die Rolle des Geldes heran, so erkennen wir keinen nutzbringenden Beitrag für die Gesellschaft, welcher diesen Ertrag rechtfertigen würde. Der Bauer, welcher uns ernährt, verdient vielleicht 1% von dem, was ein Schauspieler, einer der im Film unseren freien Willen beschneidet, erhält. Ich möchte an dieser Stelle keine Debatte über Gehälter provozieren, da derartiges nicht sinnvoll ist. Ich möchte damit aussagen, dass eine riesige Branche, welche keinen wirklichen Wert für den Menschen an sich hat, enorme Summen der Arbeitsleistung verschlingt. Diese Fehlentwicklung gilt es zu erkennen. Und diese ist deswegen möglich, weil jeder Einzelne dem Fernsehen eine solche Wichtigkeit beimisst.

Für diese Entwicklung ist es unbedingt erforderlich, dass der Bürger ein gewisses Idealbild vom Leben hat. Der Mensch muss irgendwie auf Kurs gehalten werden, damit ein derartiger Zustand überhaupt möglich ist. Genauer gehe ich darauf in Kapitel 4 ein. Grundlegend ist dazu erst einmal nur Folgendes zu sagen. Unser Bild der Realität wird von dem geformt was wir erleben. Auch Fernsehen erleben wir. Unbewusst bildet sich auf diese Weise ein Charakter heraus, welcher sich an dem Gesehenen orientiert. Wir sehen beispielsweise in einem Film ein „coolen Typen" mit einem schönen Auto. Irgendwann manifestiert sich der Gedanke in uns, dass ein schönes Auto der eigenen Rolle in der Gesellschaft zuträglich ist. Die Präsentation dieses Gedankens ist so standardisiert, dass ein großer Teil der Bevölkerung bereits auf diese Weise denkt. Daran kann nun die Autoindustrie ansetzen. Entsprechend den Wunschvorstellungen werden Werbesendungen produziert, welche den Film mit refinanzieren. Diese Werbung macht langfristig nur Sinn, wenn der Ertrag des Absatzes die Werbekosten übersteigt. Dies wird auch bald eintreten, sodass wir schließlich manipuliert von unserem eigenen Verhalten einem fiktiven Idealbild nacheifern, welches es so gar nicht geben kann. Ein Platz für kreatives Denken ist da kaum noch.

Die Rolle des Bürgers in der Wirtschaft ist leicht erklärt. Er geht arbeiten und verdient Geld. Dieses Geld sollte auf schnellstem Wege wieder in die Wirtschaft gelangen. Wenn etwas wenig Geld da ist, dann hilft ein Kredit in den meisten Fällen aus, um sich dennoch das neue Auto, das eigene Haus oder das geile Motorrad zu kaufen. Kredite sind dabei sogar gewollt, da allein bei dieser Zahlungsweise durch Zins mehr verdient wird. Um dieser Rolle gerecht zu werden bedarf es natürlich einer Beeinflussung. Der Bürger sollte nicht unbedingt auf die Idee kommen kreativ zu werden, seinen Horizont zu erweitern oder sich als Individuum zu betrachten. Es gibt sehr viele Tätigkeiten, für die ein Mensch geschaffen ist, diese jedoch erfolgreich bei Seite schiebt. In Kapitel 10 betrachte ich dieses Thema genauer.

Der Idealbürger lebt „von Der Hand in den Mund", geht mit den von den Medien motivierten Trends und setzt alles daran in der Gesellschaft angesehen zu sein. Dafür muss er seine restliche Freizeit verschwenden, sonst ist er nicht „up to date". Welch trostlose Existenz, wenn man bedenkt mit welchem Potenzial ein Mensch ausgestattet ist.

Kapitel 3: Kommunikation

Kommunikation beschreibt die Interaktion von Individuen. Sie ist somit Grundvoraussetzung für ein abgestimmtes Auftreten und Zusammenwirken von mindestens 2 Lebewesen. Je besser die Kommunikation funktioniert, desto effizienter lässt sich die kollektive Existenz organisieren. Je mehr Elemente für die Kommunikation zur Verfügung stehen, desto komplexer wird sie auch. Komplexität impliziert dabei ebenso das Risiko von Missverständnissen.

3.1. Wozu dient die Kommunikation und was macht sie aus?

Wir Menschen kommunizieren aus verschiedenen Gründen. Grundlegend kann man dabei 2 Kategorien ausmachen. Einmal kommunizieren wir, um Informationen auszutauschen. Je mehr Menschen zusammenfinden, desto größer ist die Menge an vorhandenen Informationen. Bestimmte Konstellationen erfordern ein engeres Zusammenarbeiten und ein größtmögliches

Maß an Wissen über die entsprechende Aufgabe. An dieser Stelle wird Kommunikation erforderlich, um den Austausch von Informationen zu gewährleisten. Informationen sind dabei nicht nur klare Fakten, sondern auch eigene kreative Ideen und Schlüsse, welche aus Fakten bereits gezogen wurden.

Der zweite Grund für die Kommunikation hat eine soziale Ursache. Oft kommunizieren wir ohne Informationen auszutauschen, sondern eher wegen des Erlebnisses. Menschen, welche uns sympathisch erscheinen, suchen wir verstärkt auf. Dabei bemühen wir uns um deren Aufmerksamkeit, nur damit wir Inputs von ihnen erfahren. Ein Großteil unserer Kommunikation bezieht sich auf diese Ursache.

Während die erste Art der Kommunikation recht einfach einzuleiten ist, so erfahren für die zweite Form viele Menschen die Grenzen ihrer Kommunikationsfähigkeit. Der Austausch von Informationen bietet nämlich direkt einen Grund für die Kommunikation und impliziert ebenfalls die zu vermittelnden Inhalte. Jedoch sind es Gespräche mit Menschen, welche uns angenehmen sind, die uns ein gutes Gefühl geben. Die Kommunikation, basierend auf Humor, Zuneigung und Flirts, ist es, was wir zur Steigerung der Lebensqualität suchen.

Um diese wohltuende Kommunikation soll es mir primär gehen. Sie ist nämlich eine Form, welche es zu erlernen gilt und welche das Wohlbefinden beider Kommunikationspartner positiv beeinflussen kann. Menschen, welche diese Art der Kommunikation beherrschen, sind auch in der Lage sachliche Gespräche (jene, welche dem Informationsaustausch gelten) als angenehm zu verpacken. Somit ist es eindeutig: Kommunikation ermöglicht Glück und Wohlbefinden.

Was ist erforderlich, um ein derart angenehmes Kommunikationsniveau zu erlangen? Zum ersten Natürlich die Kreativität. Kreativität ist eine grundlegende Eigenschaft von biologischen Systemen. Sie ermöglicht die Aufnahme von Informationen und formt daraus eine, für das Individuum nutzbare, Realität.

Weitergefasst bedeutet Kreativität die Fähigkeit bestimmte Dinge oder Umstände im eigenen Interesse irgendwie zu nutzen. Um zu handeln müssen wir vorab darüber nachdenken. Keine bewusste Handlung tritt ein, ohne vorher als Gedanke existiert zu haben. Was sind die Grenzen des Denkens? Die Grenze des Denkens ist unsere Sprache. Somit steht ein enger Zusammenhang zwischen kreativem Handeln und hochwertiger Kommunikationsfähigkeit. Sie korrelieren unweigerlich miteinander und stehen somit in engen kausalen Zusammenhang mit der Kreativität. Kreativität kann also gesamt als neue Strukturierung von Gedanken beschrieben werden. Dies gelingt durch das Denken an sich. Denken bildet Verknüpfungen, bietet neue Ansichten und verbessert das Bild der umgebenden Umwelt. Dazu sagte der Philosoph John Dewey (1859-1952): Wir denken nur, wenn wir mit Problemen konfrontiert werden (Quelle: Das Philosophie Buch, Seite 228). Diese Form des Denkens beschränkt uns jedoch auf unseren Alltag und nicht über dessen Grenzen hinaus. Das bedeutet, dass wir unseren Horizont und somit die Qualität der Kommunikation nicht mit standardisierten Abläufen erweitern können. Von dieser Position müssen wir wieder weg. Freizeit muss auch für das Denken genutzt werden. Nicht nur über Probleme, sondern Interessen, tiefe innere Fragen oder einfach interessante Umstände der Umwelt. Ein solcher Müßiggang verbessert die Kreativität und erweitert den Horizont.

Zum zweiten kann ein hohes Kommunikationsniveau natürlich durch die Kommunikation selber erreicht werden. Man lernt zu reagieren und den Umgang mit Menschen eben am besten, wenn man ihn durchführt. Dabei sollte natürlich etwas bedacht werden. Kommunikation, welche eine sachliche Ursache hat, zählt da nicht dazu. Hier ist kaum Kreativität bei der Kommunikationsgestaltung gefragt. Diese Kommunikation ist zu leicht kalkulierbar, um die Kreativität zu fördern. Wohltuende und die Kreativität fördernde Kommunikation basiert auf spontanen

Gesprächen, versehen mit sympathischen, humorvollen oder romantischen Attributen.

In 3.3. gehe ich genauer auf das Problem ein, was das Fernsehen mit unserer Kommunikation macht. In diesem Kapitel möchte ich daher nur auf die Zeit hinweisen, welche wieder verloren geht. Anstatt in Interaktion mit anderen Individuen zu treten, gibt sich der Mensch mit so einer einseitigen Art der Kommunikation ab. Er empfängt nämlich ausschließlich Informationen, ohne aber reagieren zu müssen. Schnell wird der eigene Einfluss auf die Umwelt bedeutungslos und diese Einbahnstraße wird als Standard empfunden. Warum schätzt der Mensch eine fiktive Realität so, wo er nicht einmal Teil davon ist?

3.2. Das Problem der gleichen Meinung.

Ein wesentliches Merkmal von horizonterweiternder Kommunikation sind Unterschiede in Meinung, Bewertung und Informationsumfang. Dazu erst einmal eine nähere Erläuterung zu dem Wort: „horizonterweiternd". Wenn ein Gespräch zu einem bestimmten Thema stattfindet, dann trägt jede Partei ihren eigenen Anteil an Informationen und entsprechend auch ihre Stellung zu diesen Informationen bei. Wenn sich diese beiden nicht einheitlich decken, erfährt jeder Teilnehmer dieser Konversation neue Einblicke und Ansichten, was zu einem erweiternden Wissen führt. Aus diesem Grunde sind Gespräche mit Menschen, welche andere Quellen und Meinungen haben, weitaus gewinnbringender. Jedoch sind sie auch mit einem erhöhten Konfliktpotenzial behaftet. Unterschiedliche Meinungen erfordern immer etwas Flexibilität und Offenheit, damit sie zueinander finden können. Übrigens werden diese Eigenschaften hervorragend im Bereich der Kommunikation gefördert. Ein weiterer Grund, weshalb Kommunikation unser Leben bereichert. Denn konfliktfreie Gespräche, mit unterschiedlichen Standpunkten als Vorraussetzung, sind nicht selbstverständlich. Halten wir also nochmals fest. Ein Gespräch macht dann Sinn, wenn zwei differenzierte Standpunkte existieren und es diese zu vereinen gilt. Findet diese Vereinigung statt, dann war die Interaktion für die Teilnehmer lohnenswert.

Nun kann man dem Fernsehen nicht vorwerfen, dass es jedem dasselbe Wissen vermittelt. Wenn 2 Menschen dieselbe Dokumentation sehen, dann haben sie in der Regel danach dasselbe Wissen zu diesem Thema. So verhält es sich natürlich auch beim Lesen des gleichen Buches. Auch danach besitzt jeder idealerweise dieselben Kenntnisse. Aber(!) es gibt ein ganz anderes Problem. In Kapitel 1 habe ich schon darüber berichtet.

Beim Fernsehen wird das aktive Denken minimiert. Der Konsument konzentriert sich weniger auf die Fakten und mehr auf deren Auswertung. Das liegt an der Unmöglichkeit sämtliche Fakten verständlich zu verarbeiten. Einmal ist die Denkaktivität reduziert und außerdem ist eine Fülle von Informationen in eine recht kurze Sendezeit gepackt. Der Zuschauer kann so unmöglich eigene Schlüsse aus den gesehenen Fakten ziehen. Dokumen- tationen, Nachrichten und andere Informationssendungen sind derart angelegt, dass dem Zuschauer die Schlüsse gezogen werden. Dies scheint natürlich bequemer, da auf diese Weise die Arbeit abgenommen wird. Wer sich jedoch mit Themen wie die Beschaffenheit der Realität, Bewertung von Statistiken, Problem des Ersten – Eindruck - Effektes oder der Meinungsbildung des Menschen befasst, der wird unweigerlich dazu einwenden, dass eine feste Beurteilung einer bestimmten Thematik äußerst fragwürdig ist. Tatsachen sind immer Ansichtssache und Bewertungen immer eine Frage der Person, welche sich diese bildet.

Daraus ist Folgendes ersichtlich. Wer sich über ein bestimmtes Thema durch das Fernsehen informiert, dem wird die Schlussfolgerung der Fakten diktiert. Alle Fakten haben immer mehrere Möglichkeiten der Auslegung. Der Zuschauer ist jedoch dazu verdammt jene Meinung als seine Meinung zu betrachten, welche in der Sendung bezweckt wird. Autoren ziehen natürlich auch ihre Schlüsse. Jedoch sind in Büchern die Fakten transparenter und viel besser zugänglich, was dem Leser mehr Möglichkeiten der eigenen Bewertung gibt. Zudem muss man in Büchern seinen Geist aktiv halten, da sonst jegliches Verständnis fehlt und auch die Schlüsse nicht mehr nachvollziehbar sind.

Was können wir daraus für die Kommunikation schließen? Wenn Menschen über ein Thema selbst nachdenken, dann setzen diese sich intensiver damit auseinander. Die Kreativität, welche aus der individuellen Persönlichkeit resultiert, führt dabei zu ganz unterschiedlichen Ergebnissen. Ein Mensch, welcher eigenständig über ein Thema nachdenkt, wird sich sehr schnell den eigenen Sichtweisen und der eigenen Logik bedienen. Daraus folgt eine individuelle Position zu einem Thema, was eine lohnenswerte Kommunikation ausmacht. Was bringt ein Gespräch, wenn der Gegenüber nur das Gesagte bestätigt? Man fühlt sich in seiner Meinung gefestigt, was auch fragwürdig ist, denn Meinungen sollten immer hinterfragt werden, und hat nix neues dazugelernt.

Wenn nun 2 Menschen, unabhängig voneinander, die gleiche Sendung sehen, dann ist garantiert, dass diese Menschen die gleichen Schlüsse haben. Denn diese Schlüsse haben sie nicht selber kreiert, sie wurden ihnen sozusagen „aufgebrummt". Kommt es nun zu einem Gespräch dieser beiden Menschen, dann wird lediglich das bereits Gesagte (aus dem Fernsehen) wiederholt. Im Gedächtnis gebliebene Bewertungen werden nachgeplappert, ohne dabei wirklich die Prämissen dieser Konklusion zu verstehen. Daraus ergibt sich ein Gespräch, welches sinnfrei ist, da das eigene Denken nicht als Grundlage des Gespräches dient.

Außerdem verlernen, aufgrund dieser Tatsachen, die Menschen sehr schnell, wie eine kontroverse aber sinnbringende Konversation geführt werden kann. Wer primär Gespräche mit

Menschen führt, welche die gleiche Meinung haben, der gewöhnt sich sehr schnell daran. Man verlernt die eigene Position immer zu hinterfragen und man verlernt das ordentliche und sachliche Argumentieren. Es geht auch soweit, dass sich die Menschen keine Gedanken mehr über ihr Wissen machen, obwohl schon bei oberflächlichem Hinterfragen große Widersprüche entstehen. Die Voreingenommenheit der „eigenen" Meinung ist so groß, die Selbstsicherheit so ausgeprägt, dass eine Änderung der eigenen Position sehr schwer ist. Dabei sind es gerade diese Änderungen, welche neues Wissen vermitteln. Denn neues Wissen impliziert in vielen Fällen eine Modifikation des aktuellen Wissens. Wer dazu nicht bereit ist, der wird in seiner eigenen kleinen Nussschale leben und dumm sterben. Selbst Sokrates, der als hoch intelligent galt, wurde durch sine Haltung gerühmt: „Ich weiß, dass ich Nichts weiß.". Dadurch konnte er immer wieder hinterfragen und so sein Wissen erweitern und anpassen. Diese Fähigkeit ist durch die kollektive Meinung, vermittelt durch das meinungsgebende Fernsehen, verloren gegangen.

3.3. Keine natürliche Kommunikation im Fernsehen.

Kommunikation besteht aus weit mehr Signalen, als lediglich den hörenden akustischen Zeichen. Das Problem beim Telefonieren beispielsweise besteht darin, dass wir unseren gegenüber nicht sehen. Häufig entstehen auf dieser Weise Missverständnisse und Fehleinschätzungen. Kommunikation impliziert neben dem Gesprochenen eine Fülle an visuellen Reizen, welche ebenfalls Informationen vermitteln. Auch taktile Signale, wie ein Schulterklopfer etc, gehören zur Kommunikation. Diese Summe der ganzen Signale ist ein Informationspaket, welches es zu verstehen gilt. Menschenkenntnis und Erfahrung helfen dabei Missverständnisse zu minimieren.

Kommunizieren wird im Laufe des Lebens gelernt. Wir sehen anderen Menschen bei der Interaktion zu und übernehmen unbewusst entsprechende Verhaltensweisen, wenn diese sich als kommunikativ nützlich zeigen. Auch im Gespräch schnappen wir Mimiken, Gestiken oder diverse Formulierungen auf, um diese später selbst zu verwenden. Wenn man sich einmal etwas genauer auf die Art der Gesprächsführung einer Person konzentriert, dann lässt sich erstaunliches feststellen. Stellen Sie sich folgende Konstellation vor. 2 Menschen, Person A und B, verbringen regelmäßig Zeit miteinander. Sie sind jetzt Person C. Person C kennt ebenfalls die beiden Menschen A und B, jedoch nur flüchtig. Sie haben auch keine Kenntnis darüber, dass sich die Beiden schon lange kennen. Nun geschieht es, dass Sie mit Person A ein längeres Gespräch haben. Ein paar Tage später führen Sie auch ein Gespräch mit Person B. Ihnen werden nach dem zweiten Gespräch einige Gemeinsamkeiten auffallen, welche sich auf die Art der Kommunikation der Personen A und B beziehen. Sie haben ähnliche Sprüche, zeigen ähnliche Gesichts-züge und weisen Übereinstimmungen im Humor auf.

Wir Menschen erlernen im Laufe unseres Lebens also ein Kommunikationsverhalten und passen uns einer größeren Gruppe immer etwas an. Auf diesem Wege versuchen wir uns die Art der Interaktion zu Eigen zu machen, welche wir als die beste erachten. Das mag von Mensch zu Mensch verschieden sein. Manche lieben eine klare sachliche Interaktion. Andere möchten immer eine humorige Komponente einfließen lassen. So entwickeln sich unheimlich viele Charaktere der Kommunikation, welche alle ihre Eigenheiten haben. Menschen sind dazu in der Lage mehrere Arten der Kommunikation zu zeigen. Je nach Situation kann Humor, Ernsthaftigkeit, Sarkasmus oder Zurückhaltung angebracht sein. Da wir durch viele Gespräche im Leben ganz unterschiedliche Menschen und Situationen erlebt haben, haben wir auch diese Verhaltensweisen erlernt. Das macht uns vielseitiger in der Interaktion.

Nun ziehen wir die Wirkungen des Fernsehens hinzu. Kommunikation im Fernsehen beschränkt sich lediglich auf die akustischen Signale. Wir erfahren weder Mimiken noch taktilen Informationsaustausch. Jedoch lernen wir auch durch Imitation die Kommunikation. Dieser Effekt tritt ebenfalls beim Fernsehen auf. Da dort die Interaktion auf die Sprache beschränkt ist, ist auch das was wir lernen nur unzureichend. Daraus lässt sich eine dramatische Entwicklung ableiten. Menschen, welche überdurchschnittlich Fernsehen, haben deutliche Defizite in ihrer Kommunikation. Zudem stumpft die Empfangsfähigkeit für außersprachliche Signale rapide, worunter Einfühlungsvermögen, Verständnis und schlussendlich die soziale Intelligenz leiden.

Der Umgang der Menschen miteinander wird immer bedenklicher, wenn solche fehlerbehafteten Einflüsse unsere Kommunikation manipulieren. Immerhin ist die Kommunikation das Element, welches uns Menschen über die Individualität hinaus zusammenhält. Nur dadurch können wir zueinander finden, Informationen austauschen, Interessengruppen gründen oder einfach für Wohlbefinden sorgen. Es ist erschreckend, wie Mimiken, Sprüche und Gesten von fiktiven Persönlichkeiten in Serien durch reale Menschen übernommen werden. Der Zuschauer, welcher derartiges kopiert, ist zudem der Komplexität des Lebens ausgeliefert. Während in Filmen oder Serien die Reaktionen auf bestimmte kommunikative Reize klar durch das Drehbuch definiert sind, ist ein derartiger Determinismus im Alltag nicht gegeben. Dies führt schnell zu Missverständen oder unangenehmen Situation, weil die gesendeten Signale einfach unpassend sind.

Die Qualität des Miteinander wird von der Qualität der Kommunikation bestimmt. Missverständnisse sind häufig Ursache von Konflikten und daraus resultierenden Fehlentwicklungen. Wenn wir Menschen dieses hohe Niveau der Kommunikation nicht halten können, dann ist dies ein Schaden für alle. Das Fernsehen trägt auf 2 Varianten zur Schwächung der Kommunikation bei. Einmal raubt es wertvolle Zeit, welche der Kommunikation (besonders Kommunikation basierend auf freiem Willen!)

gewidmet werden kann. Und, was noch dramatischer ist, es vermittelt eine lückenhafte Kommunikationsstruktur und schadet somit unseren bereits vorhanden Fähigkeiten. Vielleicht beobachten Sie einmal aufmerksam ihr Umfeld und sie werden sicherlich eine Fülle von Menschen finden, welche eine niedrig ausgeprägte kommunikative Intelligenz aufzeigen.

3.4. Das Problem der Imitation.

Es gibt 2 grundlegende Verhaltensweisen, welche zur Imitation von Fernsehfiguren führen. Man kann diese in bewusst und unbewusst klassifizieren. Den unter 3.3. beschriebenen Vorgang kann man als unbewusste Imitation betrachten. Wir nehmen Beobachtetes auf und integrieren es zumeist in unser Verhalten. Einfach betrachtet funktioniert dies wie folgt. Der Zuschauer sieht eine Person in einer bestimmten Situation. Nun nimmt der Zuschauer das Verhalten war und speichert es ab. Was ist passiert? Unser Gedächtnis hat registriert, wie sich jemand in einer bestimmten Situation verhält. Dieses Wissen wird dem eigenen hinzugefügt und dient somit als Verhaltenspotenzial für zukünftige ähnliche Umstände. Unter Verhaltenspotenzial verstehen wir latente Fähigkeiten, welche bei Bedarf eingesetzt werden. Kommt der Konsument irgendwann in eine ähnliche Situation, wie jene aus dem Film, und gibt es zugleich keine Vergleichsmöglichkeiten aus dem realen Leben, dann werden die Beobachtungen aus dem Fernsehen herangezogen. Die Folge daraus ist ein Verhalten, welches in den meisten Fällen nicht alltagstauglich ist. Unser Gehirn macht keinen Unterschied zwischen realen und unrealen Situation, um dabei Verhalten zu erlernen. Das große Problem hierbei ist die Tatsache, dass wir als Konsumenten kaum die Chance haben das erlernte Verhalten aus der illusorischen Welt zu unterdrücken. Auftreten und alltägliche Reaktionen sind Automatismen, welche sich im Leben prägen.

Wer regelmäßig Fernsehen schaut, der wird automatisch durch diese passiven Erfahrungen konditioniert.

Etwas mehr soll uns in diesem Kapitel die bewusste Imitation interessieren. Es liegt in der menschlichen Natur, sich im Leben Ziele zu setzen. Diese können ganz unterschiedlich aussehen. Je nach den Idealen einer Person können es materielle Ziele, sportliche Intentionen, Persönlichkeitsvorbilder, ethische Ziele oder andere Dinge sein. Die Fülle dabei ist grenzenlos. Viele solcher Ziele orientieren sich an Vorbildern. Vorbilder sind Menschen, an welchen wir uns messen. In der Regel sagt uns der gesunde Menschenverstand, dass wir keine „Kopie" eines Menschen werden können, was auch nie das Ziel sein darf. Aber ein reales Ziel kann sein, dass man einem Vorbild ähnlich wird. Was sind gute Vorbilder? Gute Vorbilder sind jene Menschen, welche ein gutes Leben präsentieren. Was ist ein gutes Leben? … Diese Fragen können endlos weitergeführt werden. Man wird nie über die Beschreibung „gut" hinaus gelangen. Wir sehen in dem Wort „gut" etwas sinnvolles, da es das Pendant zu dem unangenehmen Wort „böse" ist. Gute Dinge sind daher willkommen. Ein gutes Vorbild ist daher absolut Kultur- und Charakterabhängig. Diese Bewertung zwischen gut und böse soll nicht Bestandteil des Buches sein. Seit Jahrhunderten wird bereits in der Philosophie debattiert, was die offenen Eigenschaften von „gut und böse" sind. Aus dieser Komplexität heraus lässt sich jedoch Folgendes schließen. Im realen Leben, sowie im Fernsehen, wird es, aufgrund der Vielfalt der Individuen, immer Personen geben, welche es wert sind nachgeeifert zu werden. Dies geschieht in Orientierung an den eigenen Werten und Idealen.

Problematisch ist das nur, wenn es keine Personen aus dem realen Leben sind. Das Nacheifern von Phantasiefiguren lässt den Konsumenten sehr schnell von der Realität abkommen. Der Zuschauer vergisst dabei die wirklichen Ideale, welche sich auf das Leben beziehen. Ein Beispiel dazu: In vielen Actionfilmen sehen wir einen Hauptdarsteller, welcher draufgängerisch und emotional abgehärtet ist, der familiär vollkommen pflichtfrei und ungebunden im Leben steht und der als aufregender Mensch mit überdurchschnittlich viel Glück die Zeit verbringt. Dieses Bild prägt sich in den Zuschauer ein und wer sich daran nur ansatzweise orientiert, der wird schnell falsche Entscheidungen im realen Leben treffen.

Im Fernsehen erleben wir eine Phantasiewelt ohne die langweiligen Alltagsszenarien, welche das Leben jedoch ausmachen. Orientieren wir uns an Personen aus dieser Phantasiewelt, dann verlieren die waren Spannungen im Leben ihre Wirkung und ihren Reiz. Die Imitation von Schauspielfiguren(!) ist weitaus problematischer als man zunächst vermuten mag. Im Alltag sind die wahren Helden (Frage der Sichtweise) unscheinbar. Es sind jene Menschen, deren Taten altruistisch motiviert sind. Also Menschen, welche für das Wohl anderer sorgen, ohne dabei Ruhm oder Entschädigung zu erhalten. Ein solches Verhalten sollte für jedermann erstrebenswert sein. Jedoch wird es im Fernsehen derartige Ideale nicht geben. Fernsehen lebt von Auffälligkeit. Alles was geleistet wird, muss auch für die Umwelt erkenntlich sein. Dieses denken ist schon im Grundansatz falsch strukturiert. Denn Selbstlosigkeit, Menschlichkeit und lebensfreundliches Verhalten sollte nicht präsentiert werden, sondern eine ehrliche Einstellung sein. Ein solcher Umgang ist erstrebenswert in der Zivilisation. Jedoch wird dieser nicht ansatzweise durch das Fernsehen propagiert.

Kapitel 4: Schaffung von Idealbildern.

In Kapitel 3 haben wir es aus Sicht der Imitation schon einmal betrachtet. Der Mensch schafft sich eine Phantasie, auf welche er hinstreben will. Dieses Ziel ist abhängig von der aktuellen privaten Situation. Hat man beispielsweise gerade seine Arbeit verloren, dann ist das primäre Ziel ein neuer Arbeitsplatz. In dieser Phase realisiert man jene Personen genauer, welche eine ähnliche Arbeit ausführen, wie man selbst anstrebt zu haben. Das ist nix Ungewöhnliches und gibt auch Kraft und Hoffnung. Zudem handelt es sich um Ziele, welche erreichbar sind, denn die entsprechende Person ist eine, welche voll im Leben steht. Problematisch wird es dann, wenn man Idealen nachstrebt, welche vollkommen unerreichbar sind. Dies kann auf 2 Arten geschehen. Einmal durch den Verlust der eigenen Objektivität. Wenn man also Personen vollkommen überbewertet und den Blick für das Reale verliert. Das geschieht, wenn Schwächen ausgeblendet und Stärken extrem hochgestellt werden. Die andere Art ist jene, bei welcher uns derartige Personen vorgesetzt werden, nämlich beim Fernsehen.

4.1. Unreales Streben nach fiktiven Persönlichkeiten.

Oft bewundern wir im Fernsehen Fähigkeiten von Menschen, welche absolut realitätsfremd sind. Egal ob es um extrem detailliert geplante Raubzüge geht, um übermenschliche Fähigkeiten in der Kampfkunst, um diverse körperliche Höchstleistungen oder was auch immer. Oft werden derartige Dinge mit Aussagen wie „das ist ja mutig von dem, das könnte ich nicht.", „was der alles weiß, echt überwältigend" oder „wie ihm das alles immer auffällt." gewürdigt. Wir bewundern menschliche Fähigkeiten, welche auf übertriebenem Maße dargestellt werden.

Wenn wir etwas bewundern, dann nehmen wir immer unsere eigenen Fähigkeiten als Maßstab. Dies kann eine Quelle für die Motivation sein, seine Fähigkeiten mal wieder etwas zu fördern. Wenn wir jedoch immer wieder in eine derartige Konstellation geraten, dann wird sich Skepsis entwickeln. Skepsis gegenüber den eigenen Fähigkeiten und dem Potenzial diese Fähigkeiten zu verbessern. Diese kritische Haltung gegenüber der eigenen Persönlichkeit kann das Selbstwertgefühl mächtig gefährden.

Ein anderes Problem ist auch, dass wir Fähigkeiten, welche wir im Fernsehen verfolgen, mit der Zeit als realistisch erachten. Begegnen wir nun einer Person, welche wir nur ungenügend kennen, werden wir uns naturgemäß ein Bild von dieser Person machen. Automatisch versuchen wir sie einzuschätzen, Stärken und Schwächen zu erkennen und ihre Persönlichkeit sowie den Charakter einzuordnen. Dazu ziehen wir unsere Beobachtungen aus dem Leben heran, demzufolge auch jene Beobachtungen aus dem Fernsehen. Der Unterschied zwischen einer bestimmten Fähigkeit im realen Leben und der Darstellung dieser Fähigkeit im Fernsehen unterliegt dabei keiner klaren Grenze. Er ist verschwommen, was uns schnell zu Fehleinschätzungen verleitet. In der Regel neigen wir nämlich dazu, dass wir diese Person überschätzen.

Daraus folgt ein etwas unrealistisches Bild der Umwelt. Viele Menschen, welche Probleme und Konflikte in ihrem Leben zu bewältigen haben, nehmen an, dass andere Menschen sorgenfrei sind. Sie sind frustriert, weil sie sich, im Vergleich zu anderen Menschen, als unfähig halten ihr Leben zu organisieren. Dieser Vergleich basiert jedoch auf total problematischen Informationen. Natürlich wird sich kein Mensch offenkundig mit einer Person aus einem Film vergleichen. Dafür ist der eigene Verstand zu ausgeprägt, als dass dies ernsthaft in Erwägung gezogen wird. Aber(!) indirekt tun wir dies dennoch! Warum? Wir vergleichen uns zwar mit realen Menschen aus dem Umfeld, jedoch weisen wir diesen Eigenschaften und Fähigkeiten zu, welche wir aus dem

Fernsehen kennen. Wir haben es bereits erfahren. Wenn eine Person eine andere kennen lernt, dann unterstellt sie dieser Person ein gewisses Potenzial. Dieser Vorgang basiert auf Erfahrungen. Erfahrungen ziehen keine klare Linie zwischen Inputs aus der Umwelt und aus der fiktiven Welt des Fernsehens. Da im Fernsehen Fähigkeiten zumeist viel zu übertrieben präsentiert werden, sind diese Zuweisungen ebenfalls verzerrt.

Die einzige reale Person, welche wir wirklich objektiv kennen, das sind wir selber. Alle anderen Menschen kennen wir nur durch Rückschlüsse aus deren Wirkung auf uns, den Informationen über diese Personen und unserer Erfahrung aus dem Leben. Diese Quellen sind prädestiniert dafür, dass wir andere Menschen überbewerten. Informationen, welche wir über Menschen erhalten, sind zumeist recht positiv dargelegt. In der Regel versucht sich ein Mensch immer bestmöglich darzustellen, was schon im Grundansatz aus einem gedrückten Selbstwertgefühl resultiert. Die restliche Bewertung, resultierend aus der eigenen Lebenserfahrung, tut dann ihr übriges.

Es ist sicherlich nix Falsches dabei, wenn man die Menschen um sich etwas überbewertet. Schließlich zeugt dies von Respekt und impliziert somit einen würdevollen Umgang miteinander. Das Problem ist eben der permanente Vergleich, welchen Menschen immer wieder anstellen. Sie setzen sich in Bezug zu einer entsprechenden Person. Da sie die Fähigkeiten der anderen Person nur vermuten, ist dieser Vergleich schon fehl am Platz. Er kann nicht stimmen. Da wir zusätzlich dazu neigen, aufgrund von „Erfahrungen" aus dem Fernsehen, unserem Gegenüber viel zu viel zuzutrauen, ist dieser Vergleich der Keim von Unzufriedenheit, übertriebener Selbstkritik und Frustration.

Das Fernsehen offeriert uns eine Welt, welche so nicht möglich ist. Wir messen uns indirekt an dieser Welt und betonen somit unsere Unzulänglichkeiten. Man sollte sich nun einmal folgende Frage stellen: „Wie viele Menschen würden keine psychologische

Betreuung benötigen, wenn sie ihre Werte und ihr Weltbild nicht mit dem Fernsehen manipuliert hätten?"

4.2. Das Setzen unmöglicher Ziele.

Da wir die Erfahrungen aus dem Fernsehen als Maßstab für unsere Umwelt ansetzen, beeinflussen wir damit auch automatisch unsere Erwartungen. Alles was wir bis jetzt aktiv oder passiv erlebt haben, wird fest in unseren Verstand integriert. In unseren Erwartungen an die Zukunft legen wir diese Maßstäbe an und modifizieren diese Ziele dann entsprechend.

Dies führt unweigerlich dazu, dass wir irgendwann einräumen müssen, dass diese Ziele zu hoch gesteckt, zu unreal, gewesen sind. Solche Situationen werden von den Menschen ganz unterschiedlich bewältigt. Viele machen einfach weiter und lassen sich nicht beirren. Andere sind durchaus sensibel und hinterfragen sich und ihre Fähigkeiten. Egal wie man damit umgeht, eine Wirkung auf das Individuum ist natürlich vorhanden.

Eine Variable kommt dann noch erschwerend hinzu. Man verfolgt gern jene Serien, Sendungen oder Filme, in welchen Persönlichkeiten vorhanden sind, welche besonders ansprechend sind. Dies sind jedoch auch die Persönlichkeiten, von welchen wir uns bewusst oder unbewusst leiten und beeinflussen lassen. Weitergedacht sind es diese gespielten Filmcharaktere, welche unsere Ziele und unsere Phantasien geformt haben. Wir haben es gerade angesprochen, dass derartige Ziele nur unzureichend erfüllt werden können. Die erschwerende Variable, welche auf die Moral drücken kann, ist die Tatsache, dass wir weiter diese besonderen Persönlichkeiten im Fernsehen verfolgen. Passivität, welche beim Fernsehen ausgeprägt vorhanden ist, wirkt frustrierend, da der Zuschauer in diesem Moment an keinem seiner persönlichen Ziele arbeitet. Wenn nun durch die entsprechenden Sendungen die Personen, welche diese Ziele ausgelöst haben, präsentiert werden, dann führt dies gleich weiterführend zu größerer Frustration.

Persönlichkeiten im Fernsehen sorgen für unreale Erwartungen an sich selbst und an die Umwelt in der alltäglichen Realität. Die weiteren Einflüsse des Fernsehens sorgen zusätzlich für Frustration durch Inaktivität und dem passiven Erleben der eigens gesetzten Ziele durch die entsprechenden Filme. Gerade regelmäßige Serien haben eine besondere Stellung für diese Problematik.

4.3. Helden der Leinwand und Helden im Alltag.

In Erfolgsfilmen erleben wir Menschen, welche Heldentaten vollbringen, die fernab unserer alltäglichen Möglichkeiten liegen. Die Rettung des Planeten, sowie die Rettung der Menschheit ist dabei ein Standardthema. Entweder werden globale Katastrophen mit hochkreativen Erfindungen verhindert, oder übermächtige Gegner werden durch unglaublichen Mut und Geschick bezwungen. Der konstante Einfluss dieser Erfahrungen auf uns lässt den Maßstab für Dramatik und alltägliche Umstände mächtig nach oben schießen. Bereits an anderer Stelle habe ich erläutert, dass unser Gehirn die Erfahrungen aus dem Fernsehen ebenfalls als reale Erfahrungen abspeichert und neue Situationen anhand dieser Erfahrungen bewertet.

Ein Beispiel: Stellen Sie sich vor, dass in einem Film ein Meteorit eine Stadt bedroht. Wenn er einschlägt sterben schätzungsweise 50.000 Menschen und weitere 300.000 verlieren vermutlich ihr Heim. Klingt dies spannend? Für den Großteil des potenziellen Publikums wohl eher nicht. Es muss schon ein großer Meteorit sein, welcher mindestens die Hälfte des Lebens weltweit auslöscht und riesige Katastrophen impliziert. Wir wissen, dass in unserem Gedächtnisspeicher die reale Welt und die fiktive TV-Welt vermischt werden und klare Grenzen nicht vorhanden sind.

Aufgrund von den immer ausgeprägteren Extremen im Fernsehen verlieren wir unsere Sensibilität für Katastrophen. Je öfter wir direkt oder indirekt mit Katastrophen konfrontiert werden, desto nüchterner sehen wir diese auch. Dadurch verlieren wir auch einen Teil Menschlichkeit. Hören wir beispielsweise von 3 zu Tode gekommenen Touristen, dann nehmen wir dieses auf und unterhalten uns vielleicht auch mal drüber. Aber so etwas ist dann schnell abgehakt. Schnell vergessen wir, dass jeder dieser Menschen (wirklich!) gestorben ist. Er hat eine sicherlich 2-stellige Anzahl an Bekannten, welche nun diesen Verlust verarbeiten müssen. An einem Leben hängt so viel dran. Doch durch die Abstumpfung und Herabsetzung des Lebens an sich werden Ereignisse, welche Existenzen bedrohen, bagatellisiert.

Diese Entwicklung zieht auch andere Folgen mit sich. Dramatische Ereignisse benötigen immer einen Filmhelden, welcher diese Ereignisse oder deren Folgen abwendet. Der Zuschauer registriert die immense Leistung des entsprechenden Helden und die Folgen daraus. Diese sind meistens von globaler Dimension. Kleine Heldentaten sind dabei derart uninteressant, dass kaum noch ein Zuschauer solche registrieren würde.
Wenn wir nun die Tatsache hinzuziehen, dass reale und fiktive Erfahrungen keine klare Trennung erfahren, dann sind die Folgen für den Alltag problematisch. Auch die Realität bietet Heldentaten, welche jedoch meist als zu klein oder unbedeutend erachtet werden. Die Frage ist: Wann ist etwas als Heldentat zu deklarieren? Was ist ein Held? Wenn wir das Wort Held hören, dann haben wir schon vollkommen falsche Vorstellungen. Wir denken an „Menschen" mit übernatürlichen Fähigkeiten, welche diese für das „Gute" einsetzen. Mit diesem Bild ist ein „Heldenstatus" für normale Menschen aus dem Alltag nicht erreichbar. Nebenbei haben wir hier wieder das Problem des unrealen Strebens nach fiktiven Persönlichkeiten.

Ein Held ist ein Mensch, welcher vollkommen uneigennützig anderen Lebewesen (nicht nur Menschen) hilft. Eine Person, welche einem verletzen Tier hilft, im Wissen, dass man sich auf Arbeit immens verspätet, ist heldenhaft. Diese Person nimmt Nachteile in Kauf, obwohl sie genau weiß, dass sich das Tier nicht erkenntlich zeigen wird. Ein Mensch, welcher Partei für einen unterdrückten Kollegen ergreift und dabei selbst Mobbing riskiert, verhält sich heldenhaft.

Echte Helden sind Menschen, welche sich für die Rechte anderer einsetzen, ohne dass sie darauf aus sind, dass jemand davon erfährt. Denn wenn jemand für seine guten Taten Beifall erhalten möchte, dann tut er dies nicht der Überzeugung Willen, sondern um Anerkennung zu erhalten. Schon ist wieder eine egoistische Komponente im Spiel, welche keinesfalls heldenhaft ist. Denn so würde man Vorteile aus der Notlage anderer ziehen und das ist verwerflich. Es ist ersichtlich, dass die wahren Helden sehr schwer zu finden sind, da sie sich mit ihren Taten nicht rühmen. Es ist eine philosophische Betrachtung wenn ich sage, dass Heldentum solche Charaktereigenschaften benötigt, dass ein heldenhafter Mensch leider im Verborgenen bleiben wird.

Daraus lässt sich erschließen, dass das Erkennen von Helden im Alltag Aufmerksamkeit und Menschenkenntnis erfordert. Beides sind Eigenschaften, welche das Fernsehen erfolgreich eliminiert. Zudem offeriert uns das Fernsehen ein Bild von Helden, welches absolut jeder Realität spottet und daher den Maßstab in Regionen treibt, die nicht erreichbar sind. Dabei sind es die kleinen Einsätze im Alltag, welche Helden ausmachen. Helden sind Altruisten mit dem Verständnis für Gerechtigkeit. Ein solches Bild ist alltagstauglich und real, jedoch vom Fernsehen erfolgreich verbannt.

Kapitel 5: Die Spannung des Lebens.

Das Leben ist etwas Einzigartiges, etwas Lohnendes. Diese Aussage mag auf den ersten Blick etwas Verwunderung erzeugen, da jeder Mensch das Leben im Grunde als etwas Besonderes ansieht. Das mag daran liegen, dass ein Mensch eben lebt und nur dieser Zustand die Existenz ermöglicht. Auf diese Sichtweise möchte ich jedoch nicht verweisen. Das Leben ist etwas Besonderes, weil es nix anderes gibt, was solche Spannung impliziert. Wer fiktive Realitäten als passiver Zuschauer erfahren muss, der führt ein trostloses Leben. Anders als bei solchen Geschichten bietet das Leben viel mehr an Abwechslung, an Alternativen und an Chancen. Jedoch muss das Leben auch erlebt und nicht abgewartet werden. Jeder Tag enthält unerwartete Ereignisse, welche fundamentale Änderungen bedeuten können. Jeder Tag lässt uns Glück und Pech erleben, was uns immer wieder vor neue Herausforderungen stellt. Das Leben leben heißt dabei, diese Einflüsse zu meistern, sie zu genießen und die Weichen der Zukunft immer neu zu stellen. Wer sein Leben mit Warten verschwendet, der hat nicht begriffen was ein gutes Leben, einen schönes „Jetzt", ausmacht.

5.1. Eigene Ereignisse schaffen.

Der Philosoph William James (1842-1910) sagte einmal treffend: „Handle, als komme es darauf an, was du tust." *(Quelle: Das Philosophie Buch, Seite 206)*. Das macht das Leben aus. Täglich treffen wir Entscheidungen über Alternativen. Das ist unsere Realität. Jede Entscheidung beeinflusst unsere Zukunft in einer bestimmten Weise. Für den Mensch ist es immens wichtig, dass er eine Wahl zwischen Alternativen hat. Keine Wahl zu haben bedeutet eine Einschränkung der Freiheit und wirkt frustrierend. Entscheidungen treffen heißt zu leben und sein Leben zu steuern. Nun ist die große Frage: Wann haben wir denn wirklich die Wahl zwischen Alternativen, welche unser persönliches Leben beeinflussen? Sicherlich beeinflussen Entscheidungen auf Arbeit auch indirekt unser Leben. Denn grundlegend falsche Entscheidungen führen dazu, dass unser Arbeitsplatz in Gefahr gerät. Dies möchten wir in der Regel nicht. Demzufolge müssen wir im Sinne des Unternehmens handeln, was eben doch unsere Wahl zwischen Alternativen sehr begrenzt.

Die Spannung des Lebens bezieht sich auf direkte Einflüsse, welche wir unmittelbar erfahren. Als Beispiel hierfür kann man Fragen wie „Besteig ich den Berg, oder lass ich es lieber?", „Schwimme ich durch den See oder ist das zu weit?", „Spreche ich diese Person an oder lass ich es?", „Fahre ich mit dem Rad oder gehe ich spazieren?", „Nehme ich die schwere oder die leichte Piste?" anbringen. Mit diesen Situationen sind Ereignisse geschaffen, welche direkt auf uns wirken. Dabei haben wir ganz allein die Macht über das was geschieht und wägen ganz allein pro und kontra ab. Diese Freiheit der Entscheidungsfindung ist das, was einen Mensch ausmacht und ihm ein Gefühl der Selbstbestimmung gibt. Wenn wir eine risikofreudige Entscheidung treffen und die Situation meistern, dann sind wir stolz auf uns. Wir haben unsere Fähigkeiten richtig bewertet und eine Alternative gewählt, die uns Erfolg bringt. Erfolg sollte dabei bitte nicht als kapitalistischer Maßstab verstanden werden. Erfolg ist, wenn wir mit unseren Fähigkeiten eine Aufgabe bewältigen, welche wir uns selbst nur mit Skepsis zugetraut haben. Handle, als komme es darauf an, was du tust! In diesen Situationen kommt es darauf an, was wir tun. Wir müssen unserer Entscheidung Rechnung tragen und uns für die Konsequenzen vor uns rechtfertigen. Das ist die Freiheit des Lebens.

Selbstbewusstsein und Selbstbestimmung sind Bestandteile des Lebens, welche wir unbedingt regelmäßig erfahren sollten. Dazu müssen wir Ereignisse schaffen, welche derartige Konstellationen ermöglichen.

Das Fernsehen ist dafür eine denkbar schlechte Variante. Die einzige freie Wahl besteht in der Sendung. Diese Möglichkeit der Alternativen hat jedoch nichts mit der grundlegend Freiheit der Entscheidungsfindung für Ereignisse des Lebens zu tun. Fernsehen schafft spektakuläre Ereignisse, welche wir jedoch passiv erleben. Wir müssen weder eine Wahl treffen, noch uns über irgendwelche Konsequenzen Gedanken machen. Wir beobachten Schauspieler, welche dies tun und beobachten anschließend was deren Entscheidung impliziert. Aus Sicht des Lebens ist dies derart überflüssig, dass man diesem Zustand jegliche Existenzberechtigung abzusprechen hat.

Nutzen Sie Ihre Freizeit, die bereits bekannten 2-3 Stunden am Tag, für besondere Erlebnisse, welche eine Folge Ihrer Wahl sind. Es muss ja nicht immer etwas Spektakuläres sein. Ein Spaziergang entlang einer ganz neuen Stelle kann unerwartete Erlebnisse zur Folge haben. Allein die Wahl von neuen Wegen führt zu überraschenden Einflüssen, welche lohnenswert sein können. Die Spannung des Lebens kommt durch das Unerwartete. Diese Spannung macht einen großen Reiz aus, welchen man nicht unterschätzen sollte. Ein bis zwei Stunden vor dem Fernseher zu verhaaren schützt uns vor jeglicher unerwarteter Situation, da wir definitiv auf der Couch sitzen. Vielleicht fällt mal der Strom aus, aber mehr wird nicht passieren können.

Eine unbekannte Sendung mag ihren Reiz haben, da der Zuschauer wissen will, was passieren wird. Jedoch ist der Zuschauer ein lebendes Individuum in einer materiellen Realität. Diese Realität bietet mehr Spannung, mehr Überraschung, mehr Wunder und mehr Abwechslung, als es eine Serie auch nur annähernd erreichen kann. Nur muss sich der Mensch wieder darauf besinnen fiktive Welten loszulassen und sich in die eigene Welt, in das eigene Leben, zu begeben.

5.2. Das passive Erleben von Ereignissen.

Wie wirkt sich das permanente Beobachten von Ereignissen aus, welche fernab unserer realen Welt liegen? Zuschauer verfolgen eine Geschichte, beispielsweise in fortlaufenden täglichen Serien, welche sich auf eine ganz andere Welt bezieht. Es spielt dabei nicht einmal eine Rolle, dass diese Geschichte eine fiktive Welt ist, im Geiste eines Regisseurs erfunden. Es ist eine Ereignis-abfolge, welche nichts mit unserem Leben zu tun hat. Stellen Sie sich einen Menschen vor, welcher täglich 3 Stunden in sein Aquarium sieht, wobei wenigstens noch die Phantasie angeregt wird. Halten Sie dieses Verhalten nicht für Zeitverschwendung? Das Fernsehen ist nix Anderes. Auch dort beobachten Sie Lebewesen in der Interaktion und in ihrem Leben, nur dass diese Welt durchweg gespielt ist und die Handelnden menschlich sind, was mehr Komplexität ermöglicht. Das Prinzip und der Sinn für den Zuschauer ist jedoch der gleiche.

Ereignisse passiv erleben bedeutet, dass wir Anderen bei Ihren Erfolgen oder Misserfolgen zuschauen. Da wir Menschen als Lebewesen geboren sind, welche bewusst aktiv in Handlungen eingreifen können, fehlt uns beim Zuschauen ein ganzer Bereich unserer Fähigkeiten. Was ist die Folge daraus? Wir bewerten ständig die Handlung und dessen Folgen. Wir wundern uns warum eine Person so entscheidet wie sie es tut, warum sie etwas Bestimmtes macht oder wie sie auf einen bestimmten Gedanken kommt. Über diese Konstellationen machen wir uns Gedanken. Wir empfinden diese Bewertung dann entweder als befriedigend oder aber als ärgerlich.

Wenn wir ein bestimmtes fiktives Ereignis als angenehm erachten, dann freuen wir uns über dieses. Wir sind froh, dass ein Sympathieträger Glück hat oder ein „schlechter" Mensch das bekommt was er verdient. In jedem Fall sorgt dies für Wohlbefinden beim Zuschauer. Doch dieses empfundene „Glück" steht auf wackeligen Beinen. Denn ist die Sendung vorbei wird uns schnell bewusst, dass dies nix mit dem Alltag zu tun hat. Im Alltag existieren noch immer diverse Ungerechtigkeiten, haben die falschen Menschen Glück, jagt ein Schicksalsschlag den nächsten oder ist eben viel Mühe vergebens. Reale Missstände, welche es immer geben wird, sind durch das Fernsehen nicht verflogen. Dass wir wieder auf diesen Boden der Realität zurückkommen ist zwar gut, aber für unsere Moral eher bedenklich. Gut deswegen, weil es weitaus dramatischer wäre, wenn ein Zuschauer in der Welt des Fernsehens stecken bleibt. Für die Moral bedenklich, weil wir die reale Welt als unfair deklarieren. In Serien oder Filmen bekommt meistens der Richtige das was er verdient. Der Bösewicht erfährt eine Niederlage und der sympathische nette Mensch erhält seine Chance. Dass dies im Realen nicht so ist kann frustrierend auf den Zuschauer wirken. Das Paradoxe dabei ist, dass die Menschen ein inneres Bedürfnis nach solcher Gerechtigkeit haben. Somit sollte es doch ein Leichtes sein, dass derartige Vorstellungen ihre Umsetzung finden. Warum ist das nicht so? Die Menschen erfahren zu viel Ablenkung und gehen aufgrund von medialen Einflüssen unkollegial miteinander um. Die Folge daraus ist eine moralische Befriedigung anhand von Serien, welche kurzzeitig anhält und dann in Enttäuschung über die eigene Realität umschlägt. Dies verleitet uns wiederum direkt in die fiktive Welt einzusteigen um dort unsere moralische Befriedigung zu erfahren. Ein eigens geschaffener Teufelskreis, welchem es zu entrinnen gilt.

Dem entgegen kann es auch geschehen, dass wir ein Ereignis als unangenehm empfinden. Was geschieht dann? Gegenfrage: Was macht der Glücksspielsüchtige, wenn er verloren hat? Richtig – er spielt weiter, bis er einen Gewinn erfährt. Ein Zuschauer, welcher mit einer Entwicklung nicht einverstanden ist, der hat nur eine Chance. Da er nicht eingreifen kann, muss er warten. Er muss abwarten bis sich alles zu dem wendet, was ihm zusagt. Dies hat natürlich Ungeduld und etwas innere Unzufriedenheit zur Folge.

Das ist selbstverständlich, denn es ist nicht leicht auf ein Ereignis zu warten ohne selbst Einfluss nehmen zu können.

Auf diese Weise wird das Fernsehen, speziell Serien, ein wesentlicher Bestandteil des Alltags. Denn Ereignisse in diesen Serien sind immer derart angelegt, dass wir auf eine verbesserte Fortführung hoffen können. Nur dadurch ist gewährleistet, dass der Zuschauer erneut vor dem Fernseher sitzt. Dabei jagt ein Ereignis das nächste, sodass es immer „Baustellen" gibt, welche der Konsument verändert sehen möchte. Dieser Bann ist mit einer der größten Fallen, welche regelmäßige Serien zu bieten haben. Und zu Millionen tappen die Menschen in diese Falle. Es ist eben bequemer, als sein reales Leben zu leben.

5.3. Das Verstecken in einer fiktiven Welt.

Ein Mensch hat den Wunsch Teil eines funktionierenden Kollektivs zu sein. Dazu zählen angenehme Persönlichkeiten, erfolgreiche und intelligente Menschen, interessante Ereignisse und schlussendlich regelmäßiger Kontakt. Solche Verbunde von Individuen liefern Stabilität, geben Rückhalt und implizieren schließlich angenehme Erfahrungen.

Ein solch harmonisches Ganzes ist jedoch sehr schwer zu entwickeln. Das hat ganz verschiedene Ursachen. Ein Teil(!) der Ursachen liegt an der „geistigen Verschmutz" durch die Medien. Der Bevölkerung wird suggeriert, dass Erfolg wichtig ist. Daraus resultiert ein permanentes Konkurrenzdenken der Personen. Ein grundlegender Gedanke ist dabei der soziale Vergleich. Neubekanntschaften werden in der Regel nach Ihrem Status klassifiziert. Dazu zählt materieller Eigentum und das Einkommen. Zusätzlich bewertet man das äußere Erscheinungs-bild. Je nach Idealen des Einzelnen werden zudem noch andere Aspekte hinzugefügt. Diese Eigenschaften werden dann ins Verhältnis zu den eigenen gesetzt. So bemessen Menschen den „Wert" des Gegenüber und handeln nach dieser Bewertung entsprechend. Die Reaktionen darauf können extrem verschieden sein. Manche versuchen die entsprechende Person auszustechen, andere versuchen diese zu meiden. Unabhängig von der Art der Reaktion ist daran sehr bedenklich, dass überhaupt auf derartige Belange eingegangen wird.

Solch ein Auftreten manifestiert sich im Grundverhalten der Menschen. Viele teilen persönliche Erfolge nicht aus dem Grund der Freude mit, sondern damit sie Anerkennung finden. Eine solche ehrliche(!) Reaktion ist in der Regel selten zu erwarten, da die entsprechenden Menschen diesen Erfolg immer im Kontext zu den eigenen Erreichbarkeiten setzen.

Diese aktuellen Umstände haben drastische Folgen für das soziale Verhalten. Eine Eingliederung in größere Gruppen ist immer mit Unbehagen verbunden, weil entsprechende unnütze Maßstäbe das Wohlbefinden schmälern.

Das Problem des sozialen Vergleiches ist jenes, dass Menschen ihre Schwächen bevorzugt betrachten und sich daher ein Unwohlsein entwickelt. Oder Menschen haben ein hohes Selbstwertgefühl, was Unbehagen bei anderen auslöst. Dies führt wiederum zu einem Gefühl der Ablehnung, was auf die eigene Person zurückfällt. Der soziale Vergleich ist somit das Grundproblem im Charakter und Ursache für Differenzen in der Gruppe. Es resultieren schlussendlich auch Lästereien, Mobbing, Diskriminierung und andere ablehnende Verhaltensweisen daraus.

Wenn eine Person den eigenen Wert unter denen der anderen stellt, dann versucht diese Person in der Regel mit Bekanntschaften zu prahlen. Es folgen Aussagen wie: „Mein enger Freund, der erfolgreiche Anwalt…", „Mein reicher Bruder hat ein schnelleres Boot", „Fast alle meine Freunde sind total hübsch und werden immer angemacht…". Oft (nicht immer!) werden derartige Aussagen getroffen, damit der Wert der eigenen Person steigt. Indirekt möchte man damit sagen, dass es „wertvolle" Menschen gibt, welche sich mit einem selbst gern abgeben. Problem dabei ist die Wirkung. Andere ziehen ebenfalls mit Menschen aus dem Bekanntenkreis gleich, seien diese auch nur erfunden. Denn nachvollziehen kann solche Aussagen in dem Moment keiner.

Dies führt dazu, dass sich Menschen mit fiktiven Realitäten aus dem Fernsehen identifizieren. Es ist durchaus zu einem Ideal geworden, dass man sich mit Insiderinfo's zu Schauspiel-persönlichkeiten oder Serienhandlungen profilieren kann. Die Folge daraus ist, dass Menschen die leichtere Aufgabe verfolgen über bestimmte Serien oder Persönlichkeiten auf dem neuesten Stand zu sein. Thema ist dann primär nicht mehr die eigene Persönlichkeit in der realen Welt, sondern Entwicklungen und aktuelle Stände der fiktiven Welt. Dies ist auch bedeutend angenehmer, da nicht die eigene Persönlichkeit an sich zum Vergleich herangezogen wird, sondern eher über Ereignisse gesprochen werden kann, welche nicht im Einfluss der kommunizierenden Personen liegen. Das impliziert das angenehme Gefühl, dass ein eigenes Versagen gänzlich ausgeschlossen ist.

Ein weiterer Grund für das „Eintreten" in fiktive Fernsehgruppen ist das Wohlbefinden nahe dieser Gruppe. Die Zuschauer fühlen sich dabei wohl und empfinden Zugehörigkeit. Das kann soweit führen, dass man sogar den sozialen Vergleich mit diesen Fernsehfiguren durchführt. Nach einem gewissen Zeitraum wird nämlich auch diese fiktive Welt ein Bestandteil der eigenen Realität. Jeder Mensch hat in seinem Leben verschiedene soziale Gruppen. Dazu zählen die Arbeit, der Verein, verschiedene Freundeskreise, alte Schulklassen und andere Zusammenschlüsse. Diese Gruppen bestehen für uns aufgrund der regelmäßigen Teilnahme als Gruppenmitglied. Mit der Zeit werden auch soziale Gefüge von Serien eine ähnliche Wirkung, ähnlich wie diese Gruppen, auf uns erzielen. Mit dieser Wirkung ist der Schritt zum Zugehörigkeitsgefühl gemacht.

In dieser Darstellung (aus dem Kapitel 5.3.) sind einige grundlegende Gefahren, speziell von Serien, zu erkennen. Auch wenn diese mitunter recht dramatisiert wirken, so sind sie eine Tatsache. Sicherlich ist die Ausprägung bei jedem Mensch verschieden. Nicht alle Zuschauer, welche täglich Serien verfolgen, weisen ein solches Verhalten in einer starken Ausprägung auf. Aber auch eine mindere Tendenz in diese Richtung ist problematisch. Der Mensch hat das Bedürfnis nach angenehmer Gesellschaft. Das ist ein Dogma. Dieses zu befriedigen ist also ein Ziel. Unser Gehirn stuft die Inputs vom TV nicht als unreal ein. Zumindest werden ähnliche Reaktionen provoziert, welche in echten sozialen Gruppen entstehen. Der Zuschauer wird wütend, empfindet Mitgefühl, möchte helfen, beurteilt Verhaltensweisen und macht sich Gedanken darüber. Diese Reaktionen sind menschlich und wichtig. Jedoch sollten sie in kausalem Zusammenhang zu realen Ereignissen stehen und nicht zu fiktiven Welten.

Kapitel 6: Die Manipulation

Das Thema der Manipulation der Bevölkerung durch die Medien ist Ihnen sicherlich nicht neu. Nahezu jeder den man auf dieses Thema anspricht geht davon aus, dass der Zuschauer durch das Fernsehen manipuliert wird. Ähnliches haben wir bereits unter 1.7. angesprochen. Bei bereits gezogenen Schlüssen handelt es sich ebenfalls um Manipulation im Denken. Doch warum nehmen wir das einfach so hin? Weshalb akzeptiert der Mensch bereitwillig ein Medium, welches ihm sogar seiner Freizeit beraubt, das ihn offensichtlich manipuliert?

Der bereits erwähnte freie Wille wird aufgrund solcher Tatsachen immer weiter in Bedrängnis gebracht. Wenn man es ganz nüchtern betrachtet, dann klingt das wie eine Selbstaufgabe des Konsumenten. Problematisch ist außerdem, dass wir im fundamentalen Denken gesteuert werden. Die Vermittlung einer vorgefertigten Meinung und der vorzeitige Schluss daraus ist eine Sache. Schaffung und Steuerung grundlegender Begriffe im Leben des Menschen ist eine andere.

6.1. Die Kategorien: Gut und Böse

Wesentlich für unsere Bewertung des Umfeldes sind die beiden Pole „gut und böse". Philosophen machen sich schon seit langer Zeit Gedanken darüber, was wir als gut und als böse deklarieren. Es scheint hierfür keine klare Definition zu geben. Nehmen wir als Beispiel das Verletzen einer fremden Person. In erster Linie wird dies als böse Tat bewertet. Was ist aber, wenn die verletzte Person 2 Tage vorher einen anderen Menschen misshandelt hat? Ist die Tat immer noch böse oder eher gut, weil dieses ursprüngliche Opfer jetzt der böse Mensch ist? Es ist also gut, wenn böse Menschen Schmerz erfahren. Aber der Täter ist ja dennoch böse, denn er hat eine Person verletzt, auch wenn diese Person es verdient hat. Quasi hat er was Gutes getan, ist aber ein böser Mensch. Solche speziellen Konstellationen kann man sich als Gedankenexperiment unendlich selbst schaffen. Man wird immer wieder ein „Aber" finden, was eine klare Zuweisung von gut oder böse revidieren lässt. Solche Gedankenspiele sind keinesfalls Haarspalterei. Sie sind lebensnah, da das Leben immer aus komplexen Situationen besteht. Selbst wenn eine Tat einfach und klar ausschaut, wenn man tiefgründiger untersucht, wird man Stellen für Einwände finden.

Diese Kategorie der Bewertung kommt also von innen heraus. Was hat dies mit dem Fernsehen zu tun? In Filmen sind die Bereiche gut und böse in der Regel sehr klar dargestellt. Der Bösewicht, welcher die Menschheit versucht zu unterwerfen und der Gute, welcher versucht die Menschheit zu retten. Diese klassischen Geschichten kennen wir alle sicher zur Genüge. Und es sind solche Geschichten, solche vermeintlich klaren

Erfahrungen, welche uns im polarisierenden Denken abstumpfen. Betrachten wir weiterhin die fesselnde Filmgeschichte der bösen Eroberer, welche die Menschheit zerstören wollen. Ziehen wir jetzt mal den Menschen an sich als Variable zur Gleichung hinzu, mit welcher wir die entsprechende Partei als böse bewerten. Der Mensch unterwirft Unmengen an Tieren, hält sie in lebensunwürdigen Behausungen, mästet Gänse mit „Fressmaschinen", tötet Tiere wegen deren Fell oder Zähne, fängt Lebewesen um sie zu Hause als „Haustiere" einzusperren (Denn bedenken wir: Auch das schönste Gefängnis bleibt ein Gefängnis.) usw. Erinnern wir uns: Es ist gut, wenn bösen Lebewesen Böses widerfährt. Aha! Somit ist es wohl doch nicht so falsch, dass der böse Mensch in dem Film auch mal so richtig was mitkriegt. Also sind die bösen Eroberer zumindest in der Tat gut?

Dies ist nur ein Beispiel, um einmal die vorschnelle Kategorisierung von gut und böse darzustellen. Man kann diese Frage immer weiterführen und eine Ewigkeit philosophieren: Ist ein Mensch, welcher ein Mastbetrieb sprengt, weil darin die Tiere endlose Qualen erleiden, ein böser Mensch? Er setzt sich für die Tiere ein, jene Lebewesen, welche sich nicht verteidigen können. Das ist doch eine gute Sache. Er tötet mit dieser Aktion zwar andere Menschen (Angestellte des Betriebes), was auf den ersten Blick böse ist, aber diese sind an den Quälereien mit beteiligt. Also haben sie es verdient!?

Wir sehen also, dass Kategorien wie gut und böse extrem unklar sind. Sie sind zu 100% von der Betrachtung des Beurteilenden abhängig. Maßgeblich dabei ist es, wie tief greifend eine Sache bewertet wird, um sich schließlich ein Urteil zu bilden. Das ist auch der wesentliche Punkt, um welchen mir es eigentlich geht. Der Zuschauer hat durch das Fernsehen die irrsinnige Meinung, dass gut und böse recht schnell erkennbar sind. Filme und teilweise Serien sind derart dargestellt, dass es keine Zweifel geben kann. Das blendet immens unsere Aufmerksamkeit für den Alltag. Sehr wenige Menschen machen sich wirklich Gedanken über etwaige Handlungen von anderen und stecken diese lieber voreilig in eine Schublade.

Stattdessen müssen wir für ein harmonisches, tolerantes und verständnisvolles Miteinander unbedingt lernen unsere Meinungen, in solchen fundamentalen und gleichzeitig undefinierten Kategorien, zu hinterfragen. Erneut kann der Ausdruck angeführt werden: „Ich weiß, dass ich nichts weiß" und dabei genau das Zentrale ausdrücken. Wir müssen wieder lernen Tatsachen zu registrieren, ohne uns dabei ständig eine abgerundete Meinung bilden zu wollen. Im Fernsehen wird dieser Vorgang gefördert, schließlich müssen die Zuschauer in großen Mengen begeistert werden. Unklare Darstellungen sind da eher kontraproduktiv. Jedoch besteht das Leben zu großem Maße aus Unklarheiten. Somit ist erneut dargelegt, dass die Situationen im Fernsehen alltagsuntauglich sind. Aber wir lernen passiv aus diesen Situationen. Der Lerneffekt besteht schlichtweg daraus, dass wir schnell ein Urteil bilden und dieses nicht hinterfragen. Denn in dieser fiktiven Realität ist kein Platz für Unkenntnis. Durch das Fernsehen sind wir zu leicht und zu schnell viel zu sicher in unserer Ansicht.

6.2. Vorgefertigte Bewertung von Umständen.

Vorgefertigte Meinungen und zu schnelle Schlüsse sind uns mittlerweile als Problem bekannt. Dennoch möchte ich diese beiläufigen Erkenntnisse nochmals in einem speziellen Kapitel betrachten.

Dem Mensch ist gar nicht bewusst, welche Macht diese Tatsache auf sein Weltbild hat. Dazu müssen wir kurz einen Sinn dafür entwickeln, wie sich unser Bild der Realität zusammensetzt. Grundsätzlich müssen Sie sich dem Gedanken gewahr werden, dass Ihr Bild der Realität einzigartig ist. So wie Sie die Dinge sehen, Menschen betrachten, Umstände bewerten, Objekte empfinden, Werte verarbeiten, Regeln und Gesetze beurteilen usw. tut dies kein anderer Mensch. Ihr Bild der Welt ist einzigartig. Es ist eine eigenständige Realität auf einem Gerüst, welches zumindest für Sie in sich schlüssig ist. Und das ist wichtig. Wenn das eigene Bild der Umwelt verständlich ist, dann fühlen wir uns sicher. Gerät diese Welt ins straucheln, dann erlangt man Unsicherheit. Nehmen wir als Analogie einmal die geographische Oberfläche der Erde. Tatsächlich besteht diese nur aus natürlichen Strukturen. Dazu gehören Wälder, Berge, Ozeane, Flüsse und viele mehr. So betrachtet ist die Welt ein großes Ganzes. Jedoch, aufgrund unserer Ländergrenzen, haben wir Struktur festgelegt. Der gesamte Erdball hat somit einen zugewiesen Charakter bekommen. Amerika ist nicht die nächstgelegene westliche Landmasse für uns. Es wird eben als Amerika beschrieben. In uns entsteht ein Bild von Wirtschaft, von westlichen Idealen (deren Beurteilung wir uns in diesem Buch nicht widmen) und von anderen Attributen, welche nicht näher erläutert werden sollen. Wir haben also unserem Planeten eine Struktur anhand eigener Vorstellungen gegeben. Diese ist hochgradig künstlich, aber es ist ein System im Chaos. Genauso bilden wir unsere Realität. Wir haben Unmengen von Informationen zur Verfügung, welche wir unmöglich alle erfassen können. Daher schaffen wir geistig Kategorien und klassifizieren unsere Umwelt. Ein Umsturz dieses strukturierenden Systems ist extrem schwer zu akzeptieren. Daher neigen Menschen im Allgemeinen dazu, die Inputs so zu verarbeiten, dass diese das eigene Weltbild bestätigen. Ich hoffe Sie konnten nun grob einen Einblick dafür gewinnen, wie wir unsere Umwelt erschaffen.

Was spielt dabei das Fernsehen für eine Rolle? Das oberste Ziel eines jeden Senders ist es, die größtmögliche Menge an Zuschauern zu binden. Das ist ein verständlicher Fakt. Was will der Mensch? Wie bereits erörtert möchte er in einer stabilen geregelten Welt heimisch sein, welche transparent und durchschaubar ist. Rätsel und offene Thematiken sind dabei äußerst unbeliebt. Und genau dieses Bild vermittelt uns das Fernsehen. Prämissen sind klar und verständlich und die Konklusion daraus messerscharf und eindeutig. Das ist nur möglich, wenn wir eine vorgefertigte Meinung erhalten. Im vorangegangenen Kapitel habe ich bereits angedeutet, dass nichts klar und eindeutig ist. Je mehr man sich um Wissen der Indikatoren von bestimmten Themen bemüht, desto fragwürdiger wird eine binäre Meinung. Es gibt zwar immer eine Tendenz, auch abhängig von dem Beurteilenden, aber in extrem seltenen Fällen die erwünschte Klarheit. Dieser Umstand ist kein Zeichen von der Unzulänglichkeit Entscheidungen zu treffen. Dieser Umstand ist das Leben.

Die zurechtgelegten Fakten und Meinungen im Fernsehen geben also Stabilität. Jetzt sollten Sie jedoch stutzig werden. Denn(!) diese Stabilität haben nicht Sie mit Ihrem Verstand erzeugt, sondern sie wurde extern gebildet und dann im Anschluss zu Ihrer Realität gemacht. Wer regelmäßig Fernsehen konsumiert, der besitzt ein Weltbild, welches nicht aufgrund seiner Erfahrungen erschaffen wurde. Das ist ein großes Problem. Dieses Weltbild wird durch die konstanten Einflüsse des Fernsehens weiterhin bestätigt und manifestiert sich immer weiter in unserer Psyche. Der Teufelskreis ist nun ersichtlich. Der Konsument will sich gar nicht vom Fernsehen losreisen, denn es gibt Stabilität. Auch die regelmäßigen Serien bringen Struktur in die Freizeit(!), welche sonst sehr flexibel wäre. Flexibilität impliziert Strukturlosigkeit und diese nimmt das Fernsehen. Aber es ist diese Flexibilität, welche das Leben lebenswert macht. Wir müssen diese genießen. Eine Realität, welche Fragen und Geheimnisse aufwirft, mag nicht erstrebenswert klingen. Sie ist aber das, was unser Dasein ausmacht.

Schlussendlich muss sich der Mensch dahin bewegen, dass er sich sein eigenes Bild von Umständen seiner Umwelt macht. Auch wenn dieses Bild von dem anderer Menschen abweichen mag, so ist es lebenswert. Zudem implizieren verschiedene

Sichtweisen von der Umwelt interessante Gespräche und spannende Entdeckungen. Selbst überlegen und Fakten mit Vorsicht zusammenführen, das ist Denken.

6.3. Die Werbung

Die Offensichtlichkeit der Beeinflussung durch die Werbung lässt für jeden Zuschauer den offiziellen Schluss zu, dass Werbung manipulieren soll. Das ist kein Geheimnis. Es gibt zahlreiche Ausbildungen im Bereich der Werbung, welche derartige Fakten ganz nüchtern unterrichten. Es kostet immense Summen, wenn Werbung zu bestimmten Sendezeiten ausgestrahlt werden soll. Diese hohen Summen müssen sich rentieren. In der Regel tun sie dies auch, da der Umsatz und Bekanntheitsgrad von Firmen und Produkten rasant steigt. Schlussendlich ist dies durch die gezielte Manipulation des Zuschauers möglich.

Man könnte nun einwerfen, dass die Werbung einfach informieren soll. Wie kann der Zuschauer von einem Produkt wissen, wenn er es nirgends gesehen hat? Befürworter der Werbung argumentieren dahingehend, dass Werbung dem Konsumenten Markttransparenz bietet. Diese Betrachtung ist jedoch mehr als naiv. Es ist offensichtlich, dass Werbung den Zuschauer steuern soll. Dafür sprechen allein schon die unzähligen Publikationen wie Unternehmen am besten ihre Werbung präsentieren. Das eigentliche Produkt tritt dabei oft in den Hintergrund, denn das oberste Ziel der Werbung ist Aufmerksamkeit. Um diese zu erlangen gibt es viele Strategien, welche in der Werbebranche umgesetzt werden.

Interessant ist die Platzierung der Werbung. Zwischen Zeichentrickfilmen kommt zumeist Spielzeugwerbung, da die Kinder den Hauptanteil der Zuschauer bilden. Zwischen Actionfilmen werden jene Produkte angepriesen, welche bevorzugt von Männern konsumiert werden. Obwohl man hier mit der Trennung, männlich und weiblich, aufpassen muss. Viele

Frauen schauen Filme, welche im ersten Eindruck eher Männer ansprechen würden und das auch umgekehrt. Man sollte also eher sagen, dass sich die Werbung in Filmen am Film selber und somit an den Charaktertyp orientiert, welcher vermutlich diesen Film schaut, egal ob Mann oder Frau.

Die Manipulation ist also kein verstecktes Manko, sondern eine offizielle Tatsache. Filme vermitteln uns einheitliche Ideale und weisen uns den (richtigen?) Weg. Die Werbung offeriert nun die Möglichkeiten diesen entsprechenden Weg zu gehen. Beide Elemente des Programms sind daher gut aufeinander abgestimmt und bieten die optimale Plattform, auf welcher Unternehmen um die Gunst der Konsumenten werben.

Man muss jedoch eines dabei beachten. Der Mensch ist dabei keineswegs frei in seiner Entscheidung. Das ist der ganz wichtige Punkt. Wir denken, dass wir selbst Entscheidungen für oder gegen Produkte treffen. Das tun wir aber nicht. Wir treffen keine objektive Entscheidung gegenüber dem Produkt, sondern gegenüber dessen Präsentation. Das ist ein wichtiger Unterschied. Stellen Sie sich doch einmal vor, dass Sie die Wahl zwischen 3 Menschen haben, mit welchen Sie 3 Wochen in den Urlaub fahren. Sie treffen ihre Entscheidung jedoch nicht aufgrund des direkten Kontaktes mit diesen Personen, sondern anhand eines Werbefilmes, welchen jeder von sich drehen lässt. Wie bewerten Sie diese Situation? Sie ist idiotisch! Wie soll man anhand eines kurzen Werbefilms erfahren, ob eine solche Wahl richtig ist?! Das leuchtet uns ein. Aber(!), aufgrund der Werbung machen wir dies unbewusst jeden Tag. Die Werbung ist ein kurzer Sendeabschnitt über Produkte. Daraufhin selektieren wir aus oder treffen sogar Entscheidungen. Wir wissen aber auch, anhand des Beispiels, dass diese kurzen Darstellungen keinesfalls reichen um wirklich Informationen zu sammeln.

Diese beiden Tatsachen sind ganz klar ein Widerspruch im Verhalten. Wie löst sich dieser Widerspruch? Wir können anführen, dass bei wichtigen Entscheidungen, wie es dieser

Urlaub ist, mehr Informationen erforderlich sind. Bei unwichtigeren Entscheidungen, wie beispielsweise die Wahl der Waschmaschine, Der Möbel, des Autos, des Fahrrads, das Handys, des Computers und viele mehr, reichen oberflächliche Informationen, wie sie die Werbung bietet. Diese Begründung klingt plausibel, ist jedoch gefährlich.

Fundamentale Entscheidungen treffen wir im Leben recht selten. Bei diesen sagt uns auch unser Verstand, dass wir uns genauer informieren müssen. „Unwichtigere" Entscheidungen treffen wir täglich in unzähligen Situationen. Diese unwichtigen Entscheidungen implizieren, orientiert an den vorigen Ausführungen, eine gewisse Oberflächlichkeit und somit Manipulationsbereitschaft (wir informieren uns ja nur über kurze Werbesendungen). Betrachten wir mit diesem Hintergrundwissen jedoch die Gesamtheit der täglichen „unwichtigeren" Entscheidungen, dann werden wir erkennen, dass dies unglaublich viele sind. Diese Menge, die Summe aus den kleinen Entscheidungen, ist für unser Leben jedoch wiederum sehr wichtig. Genau diese Menge setzt sich jedoch aus Entschlüssen zusammen, welche auf der Basis von offensichtlich manipulierenden Organen getroffen wurden. Diese Summe impliziert daher einen immensen Einfluss auf unser Leben. Wir sollten uns täglich fragen, warum wir eine bestimmte Wahl treffen. Aufgrund von Wissen oder fiktiven, offensichtlich manipulierenden, Werbedarstellungen.

Kapitel 7: Phantasie und Kreativität

Beide Eigenschaften sind in erster Linie besondere Fähigkeiten eines Menschen. Kreativität jedoch kann dabei allen lebenden Organismen zugesprochen werden, je nach Abstufung in der Ausprägung. Phantasie ist eher als Untergruppe von Kreativität zu verstehen, auch wenn diese Begriffe hier als gleichwertig dargestellt sind. Ob ein Lebewesen Phantasie hat lässt sich nur durch ein gewisses Niveau von Kommunikation feststellen. Daher können wir nicht sagen, ob ein Organismus viel Phantasie hat oder nicht. Wie wir unsere Umwelt verstehen und aufnehmen, hängt in großem Maße von diesen beiden Faktoren ab. Je ausgeprägter diese sind, desto komplexer ist unsere Interaktion mit der Umwelt und desto effizienter können wir mit der Umwelt umgehen.

7.1. Was ist Kreativität?

Kreativität beschreibt umfassend die Komplexität, wie ein Individuum mit seiner Umwelt umgeht. Man kann dabei verschiedene Ebenen genauer betrachten. Zur Kreativität gehört die spezifische Problemerkennung. Es liegt oft an der Wahl der Sichtweise auf einen Umstand, damit das Problem genau erfasst werden kann.

Außerdem bedeutet kreativ sein die Fähigkeit verschiedene Ideen zu einer bestehenden Problematik oder Frage hervorzubringen. Dies hängt grundlegend von der Weitläufigkeit des Geistes der Person ab. Je umfassender Einblick und Verständnis greifen können, desto mehr Ideen können angebracht werden.

Daher versteht man unter Kreativität die gewohnten Wege des Denkens zu verlassen. Beispielsweise ist eine Leiter eben dazu da, dass man an Erhöhungen heranreichen kann. Jedoch ist sie ebenso als dekoratives Element einsetzbar, indem man auf die Sprossen Pflanzen oder andere Dinge stellt. Objekte des Alltags anders einsetzen ist ein kreativer Prozess. Damit ist die Improvisation eng gekoppelt.

Und die Kreativität impliziert die Fähigkeit der Umsetzung von Ideen in die Realität. Damit verbindet man auch die Fähigkeit Gedanken an andere zu vermitteln. Die Kunst ist daher hochgradig auf Kreativität angewiesen. Das finden von passenden Analogien ist dabei auch ein rein kreativer Prozess.

Zusammenfassend kann die Kreativität also als Umgang mit der Umwelt betrachtet werden. Sie beschreibt wie wir Ideen in die Realität einbetten können und auf welche komplexe Weise zur Verfügung stehende Hilfsmittel dazu eingesetzt werden. Ein kreativer Mensch lebt also effizient.

7.2. Was ist Phantasie?

Wie bereits erwähnt ist die Phantasie eine Unterform der Kreativität. Am meisten ist die visuelle Vorstellung mit dem Begriff der Phantasie verknüpft. Aber auch andere der 5 Sinne, insbesondere das Gehör, können mit Phantasie behaftet sein. Grundlegend impliziert Phantasie die Schaffung einer Innenwelt. Es ist eine schöpferische Kraft, welche vom individuellen Geiste anhängig ist.

Oft wird Phantasie beim Dahinträumen, eben während des eigenen Müßiggangs, eingesetzt. In solchen Situationen denken wir still vor uns hin und erschaffen auf diese Weise Fiktion oder eben eine Innenwelt.

7.3. Wie fördert man diese Fähigkeiten?

Diese Eigenschaften, hier einmal mit dem Obergriff Kreativität bezeichnet, können nur durch aktiven Einsatz gefördert werden. Hierzu gibt es unzählige Möglichkeiten. Grundlegend hängen diese immer von den Interessen und Fähigkeiten der entsprechenden Person ab. Es ist daher unzweckmäßig hier eine

Sammlung von Übungen zu diesem Thema zu publizieren. Es ist eher sinnvoll an dieser Stelle auf eine Grundeinstellung im Leben einzugehen.

Ähnlich wie Sportlichkeit, Gesundheit, Entspannung oder Kommunikation ist auch die Kreativität von einer grundlegenden Lebenseinstellung abhängig. Es verhält sich nämlich nicht so, dass wir mit täglichen Übungen wie Rätseln oder Ähnlichem große Verbesserungen erreichen. Kreativität entwickelt sich aus der Haltung zum Leben. Grundlegend kann man sie in 2 Bereiche untergliedern. Dazu zählt einmal die bereits beschriebene Fähigkeiten Probleme zu erkennen und feste Denkweisen zu lösen um diese dann ganz anders zu strukturieren. Daneben ist jedoch auch fachliches Wissen nötig. Je mehr Wissen Sie haben, desto mehr Quellen besitzen Sie, damit diese dann zu kreativen Lösungen verbunden werden können. Wenn Sie beispielsweise keine chemischen Kenntnisse haben, dann wird Ihnen jegliche Lösung verwehrt, welche chemisches Wissen voraussetzen würde.

Also ist Interesse für die eigene Umwelt sehr wichtig. Egal ob es sich um Physik, Psychologie, Logik, Geschichte, Mathematik, Quantenmechanik oder was auch immer handelt. Das Ziel eines Menschen sollte primär sein seinen Horizont zu erweitern und Wissen zu erlangen. Lebewesen sind in Ihrem Grundcharakter neugierig. Genauso verhält es sich beim Mensch. Würden wir keine täglichen Ablenkungen erfahren, dann würde unser Interesse der Umwelt um uns herum gelten. Diese zu ergreifen und zu verstehen erfordert die geistige Freiheit seinen Horizont zu erweitern. Das Denken dabei, welches erforderlich ist um neue Zusammenhänge zu verstehen, ist idealer Nährboden für eine gesteigerte Kreativität. Um neue Dinge zu verstehen, müssen wir eigene Methoden entwickeln, mit welchen wir Wissen erweitern können. Das ist eine sehr anspruchsvolle Aufgabe, denn sie erfordert kreatives Denken in hohem Maße. Je mehr Wissen Sie aus verschiedenen Bereichen haben, desto größer ist Ihr Pensum an Analogien. Analogien sind wichtig um unsere Realität zu verstehen. Neue Elemente werden immer in Bezug zu bekannten gestellt und anhand deren Unterschiede zu den bekannten Elementen klassifiziert. Je mehr Wissen Sie für Analogien zur Verfügung haben, desto komplexer können diese aufgebaut und eingesetzt werden.

Neben dem Interesse ist die Fähigkeit vom komplexen Denken eine Basis. Wenn wir im Alltag ein Problem haben, dann sollten wir versuchen es zu lösen. Damit ist schon das wesentliche gesagt. Kreativität entwickelt sich durch den Einsatz von Kreativität. So wie man Auto fahren lernt indem man eben mit dem Auto fährt. Finden Sie Lösungen im Alltag und finden Sie diese selbst. Auch kleine Umstände zu eliminieren erfordert nachdenken und manchmal etwas ungewohnte Wege. Diese zu entdecken ist Ihre Aufgabe.

Sie sehen also, das Erlernen von Kreativität hat nichts mit dem klassischen Lernen zu tun, welches wir aus Schule oder Studium kennen. Es ist eine Fähigkeit, welche sich beiläufig im Leben entwickelt, wenn wir denn auch leben. Hier sind wir wieder an dem Punkt, dass Leben bedeutet mit der Umwelt zu interagieren. Wenn wir bewusst durch den Alltag gehen und diesen aktiv wahrnehmen, dazu zählt auch über Erlebnisse nachzudenken, dann verbessern wir unsere geistigen Fähigkeiten, welche maßgeblich von der Kreativität definiert werden. Ein aktives Erleben vom Alltag führt in vielen Fällen zu Fragen, welche es zu klären gilt. Denn fast immer erleben wir Dinge, welche wir nicht gänzlich verstehen. Wichtig hierbei ist echtes Interesse an der eigenen Realität und Initiative dieses Interesse mit Wissen zu „füttern". Wird dieses Wissen selbst herangezogen und so verstanden, dann ist dies das beste Training, welches Sie der Kreativität geben können.

7.4. Was geschieht beim Fernsehen mit der Kreativität?

Wir haben bereits erschlossen, dass die geistige Aktivität beim Fernsehen auf ein Minimum reduziert ist. Ein wesentlicher Unterschied zum realen Leben ist dabei besonders zu betonen. In der Realität geht es uns primär darum, dass wir Situationen abwägen und daraufhin entscheiden wie wir handeln. Solche Überlegungen implizieren Spekulationen, Vermutungen, Abschätzungen und eben die Risikobereitschaft mit den Folgen seiner Entscheidung leben zu können. Im Fernsehen geht es uns schon im Grundansatz um ganz was anderes. Da wir dort keine Überlegungen über etwaige Handlungen durchführen müssen, beschränken wir uns ausschließlich auf die Bewertung unserer Beobachtungen. Daraus resultiert eine grundlegend andere Art des Denkens. Eine Art, welche das Individuum realitäts-untauglich macht.

Der Philosoph John Dewey (1859-1952) sagte einmal treffend: Wir denken nur, wenn wir mit Problemen konfrontiert werden. Überprüfen Sie sich bitte einmal stichprobenartig. Sie werden feststellen, bei Ihren Überlegungen handelt es sich zum größten Teil um Problembearbeitung. Oft denken wir zwar nicht direkt über das Problem an sich nach, sondern eher über dessen negative Folgen (dies ist jedoch ein anderes Thema). Aber unsere Gedanken drehen sich um eine präsente Problematik. So sind wir geistig nun einmal beschaffen. Solche Konstellationen ergeben sich, wenn wir einer Aufgabe nachgehen. Wir müssen täglich organisieren, Hindernisse überwältigen und Aufgaben durch-führen. Im Ganzen bezeichnet man solche Konstrukte als alltägliche Probleme, welche wir versuchen zu bearbeiten. Nebenbei bemerkt kann uns ein kreativer Geist diese Problemlösungen potenziell erleichtern, aber dies haben wir bereits erörtert.

Es gibt jedoch die kleinen Momente im Leben, an welchen sich die Chance bietet, dass sich unsere Gedanken um andere Dinge bemühen. Diese Momente sind unsere Freizeit. Ausnahme hierbei sind natürlich Menschen, welche nicht abschalten können und auch in ihrer Freizeit ein Thema bearbeiten, welches erst zu späterer Zeit gelöst werden kann. Das ist natürlich ein gefährlicher Umstand, welcher jedoch an der Thematik dieses Buches vorbei geht. Daher beziehen wir uns auf die Tatsache, dass die Freizeit begleitet ist mit freien und problemunab-hängigen Gedanken.

In diesen Momenten entfaltet der Geist sein Potenzial und kann seinen Horizont erweitern, indem er Wissen aufnimmt und im Gesamten seine Kreativität fördert. Manche Menschen widmen sich der Kunst und erlauben somit der Kreativität ihre Entfaltung. Andere wiederum setzen sich hin und denken einfach nach, ohne etwas materiell Produktives zu vollbringen (was auch gut ist). Wichtig ist, dass sich die psychischen Fähigkeiten auf ein Denken beziehen, welches nicht problemgeschaffen ist, sondern an der Grenze des geistigen Horizonts arbeitet und diese im Idealfall erweitert.

Beim Fernsehen geschieht jedoch das genaue Gegenteil. Das produktive Denken wird hierbei gänzlich eingestellt, was dessen Rückbildung zur Folge hat. Wir können es uns wie folgt vorstellen. Der Müßiggang, das Nachdenken an der Grenze des geistigen Horizonts, erweitert unsere Grenzen und die kreative Komponente. Das Lösen von alltäglichen Problemen nutzt diese Grenze aus und stabilisiert sie. Folglich sollte sich unser Denkvorgang immer in diesen Bereichen aufhalten. Beim Fernsehen ist dieser jedoch derart reduziert, dass weder Grenzen genutzt und geschweige denn Grenzen erweitert werden. Potenzial muss ausgeschöpft werden um es zu erhalten. Das Fernsehen schafft dies nicht und steht somit in kausalem Zusammenhang zur geistigen Rückbildung der Gesellschaft.

Zudem ist das einfache Bewerten von Situationen als passiver Zuschauer evolutionär so überflüssig, dass es im Leben keine große Rolle spielen dürfte. Jedoch hat sich die Zivilisation in diese Richtung entwickelt, was zahlreiche andere negative Folgen der Menschen untereinander hat. Das Lästern, das Ergötzen über Fehlschläge anderer oder das pausenlose bewerten von Umständen, welche die Person selbst gar nicht betreffen sind alles Handlungen, welche auf dem gleichen Prinzip basieren. Nämlich das passive Beobachten von Umständen und die eigene Bewertung dazu als Zentrum des Denkens setzen.

Natürlich kann man nun spekulieren ob diese negativen Verhaltensweisen schon vor dem Fernsehen in dieser ausgeprägten Form existiert haben und das Fernsehen eine Folge aus diesem Verhalten ist, oder ob dieses Verhalten erst nach dem Fernsehen einen Weg in die Gesellschaft fand. Das werden wir hier nicht beantworten können. Wir können jedoch davon ausgehen, dass das Fernsehen dieses Verhalten fördert und unterstützt. Und wir müssen wieder einmal erkennen, dass die bewusste Freizeitgestaltung mit derartigen Denkvorgängen einfach verschwendet ist, sodass auch hier nur die Schluss-folgerung lauten muss: Fernsehen schadet dem Menschen.

Kapitel 8: Frustration

Frust ist ein weit verbreiteter Begriff in unserer Gesellschaft. Oft wird etwas als frustrierend bezeichnet oder man bezeichnet seinen eigenen Status als frustriert. Frust ist ein Zustand, welcher schnell zu einem großen psychischen Ballast werden kann und somit den Körper und den Geist krank macht. Für den Mensch ist es daher äußerst hilfreich, wenn er begreift was Frust ist. Noch wichtiger ist daraufhin Frustauslöser zu eliminieren oder deren Einflüsse weitestgehend zu minimieren.

8.1. Was ist Frust?

Frust ist die Folge aus einer Variation von Zwang. Zwang kann in vieler Hinsicht auf uns wirken. Im Kontext zum Frust betrachtet kann man dessen Wirkung wie folgt verstehen. Nehmen wir einmal an, dass ein Mensch einen ganz bestimmten Wunsch hat. Dieser kann sich auf die Arbeit, auf eigene Fähigkeiten, auf das soziale Umfeld oder andere alltägliche Bereiche des Lebens beziehen. Wenn dieser Wunsch nicht erfüllt werden kann, dann führt dies zu Frust. Verstärkt wird der Frust, wenn die betroffene Person viel Energie und Engagement in die Umsetzung des Wunsches setzt, dessen Erfüllung jedoch nicht realisiert werden kann. Auch dabei kann nämlich von Zwang gesprochen werden. Es ist der Zwang, dass ein Wusch nicht erfahren werden kann.
Ein wichtiger Bestandteil des Frustes muss jetzt genauer betrachtet werden. Frust entsteht, wie bereits erfahren, wenn wir bei einer Sache nichts mehr tun können. Genauer betrachtet entwickelt sich also Frust, wenn wir nichts tun. Also: Inaktivität führt zu Frust! Für das nächste Kapitel sollte dieser Fakt unbedingt im Gedächtnis bleiben.
Ich denke wir haben jetzt eine Vorstellung von dem, was wir als Frust bezeichnen. Erst unsere Handlungsunfähigkeit erzeugt das frustrierende Gefühl und sorgt für alle negativen Folgen davon.

Ein Resultat ist die Gereiztheit. Personen, welche eine Unzufriedenheit mit sich selbst verspüren sind emotional kaum belastbar. Zudem lassen diese Menschen ihre innere Unzufriedenheit an anderen Teilnehmern der Gesellschaft aus. Ein solches Verhalten hat weit reichende Konsequenzen. Denn wer sein Umfeld schlecht behandelt, erzeugt in diesem Umfeld ebenfalls Frust. Es ist offensichtlich, dass sich auf diese Weise der Frust wie eine Seuche manifestieren kann.

Frust bewirkt indirekt auch eine Verminderung des Selbstwertgefühls, da nicht erreichte Ziele an den eigenen Fähigkeiten zweifeln lassen. Frustrierte Menschen sind psychisch gehemmt, was deren Kreativität, die Grundlage zur Problemlösung, arg einschränkt. Hier ist ein problematischer Kreislauf erkennbar. Wenn Frust die Kreativität beschränkt und Kreativität jedoch primär wichtig für die Problemlösung im Alltag ist, dann führt der Mangel an Kreativität automatisch zu mehr frustrierenden Erlebnissen.

Aus dieser Darstellung kann man schließen, dass Frust mit Aktivität, sei sie geistig oder körperlich, bekämpft werden kann. Dabei muss sich die Aktivität nicht direkt auf das frustauslösende Problem beziehen. Wir müssen lernen uns als Ganzheit zu betrachten. Wenn kreative Aktivität für Problemlösungen gut ist, dann kann diese Aktivität an sich auch die unangenehmen Folgen von ungelösten Problemen bekämpfen.

8.2. Warum führt das Fernsehen zu Frust?

Erinnern wir uns: Inaktivität führt zu Frust. Wenn wir unsere Psyche als Ganzes betrachten, dann müssen wir folgenden Schluss zulassen. Es sind nicht die einzelnen Probleme, welche wir nicht lösen können, die zu Frust führen. Es ist die Summe der Nichtausreizung unserer Fähigkeiten, welche zu Frust führt. Ein Lebewesen, welches auf kleinstem Gebiet eingesperrt ist und somit seine Fähigkeiten (klettern, rennen, fliegen …) nicht ausleben kann, erfährt Frust auf ganz hohem Niveau. Das ist verständlich, denn aufgrund vom Zwang Fähigkeiten nicht einsetzen zu können erfährt man Frust. In diesem Kontext betrachten wir den Fernsehkonsumenten.

Frust ist etwas, was sich innerlich aufbaut. Je nach der Persönlichkeit kann dies recht schnell gehen oder sich über einige Zeit hinziehen. In allen Fällen ist jedoch gleich, dass Inaktivität diesen Aufbau bewirkt. Als Pendant dazu kann aktives Problemlösen zum Abbau von Frust führen. Wenn wir im Arbeitsalltag eine paar Probleme nicht bewältigen konnten oder deren weiterer Verlauf nicht in unserer Hand liegt, dann baut sich Frustration auf. Nehmen wir jetzt einmal an, dass wir nach der Arbeit unsere Freizeit frei wählen können. Schauen wir in dieser Phase Fernsehen, dann bewirkt das eine konstante Fortführung dieses Aufbaus. Denn wir sind inaktiv und nutzen kaum unsere Fähigkeiten als Individuum. Wenn wir in der Freizeit jedoch Rätsel lösen, eine kurze anstrengende Radtour machen, mit Freunden weg gehen, uns wissenschaftlich weiterbilden, schwimmen gehen oder was auch immer, dann erfahren wir Aktivität. Im Idealfall bewältigen wir in dieser Freizeit sogar ein anderes Problem, was die Frustration vollkommen eliminiert. Egal welche Erfahrung wir machen, in jedem Fall wird der Frust abgebaut.

Betrachten wir diesen speziellen Umstand nun etwas großflächiger und projizieren wir diesen auf das Leben eines Menschen. Jeder Mensch hat, bewusst oder unbewusst, langfristige Ziele. Langfristige Ziele sind Wünsche, welche sich keinesfalls an einigen Tagen realisieren lassen. Mitunter ist dafür eine Zeit von mehreren Jahrzehnten nötig. Je nach Idealen, Moral und Kultur sind diese Ziele sehr individuell. Einer wünscht sich ein Eigenheim, ein anderer die Transzendenz des Bewusstseins, vielleicht eine Familie oder doch etwas ganz anderes. Diese Ziele sind uns nicht immer so klar, da sie über einen großen Zeitraum, in Bezug zur Lebenszeit, umgesetzt werden müssen. Latent üben sie jedoch immer einen Einfluss auf unser Handeln aus, weshalb wir unbewusst auf diese Ziele hinarbeiten.

Dies hat natürlich unweigerlich zur Folge, dass sämtliche Handlungen unbewusst im Kontext der zu erreichenden Ziele bewertet werden. So kann es auch geschehen, dass wir uns bei bestimmten Tätigkeiten absolut nicht wohl fühlen und das eigentlich gar nicht so richtig verstehen können. Dies liegt eben einfach daran, dass die entsprechende Tätigkeit nicht mit unseren inneren Zielen harmoniert.

Dass wir uns bei manchen Tätigkeiten nicht wohl fühlen kann man nicht immer ändern. Manche Menschen sind unzufrieden mit Ihrer Arbeit, weil diese Arbeit nichts mit dem eigentlichen Ziel im Leben zu tun hat. Andere sind von ihrem sozialen Umfeld genervt, weil dort von Grund auf die falschen Ideale vertreten werden, was natürlich auch die eigenen Ziele und Wünsche hemmt. Das ist alles möglich und leider eher typisch in der Realität. Aber an dieser Stelle tritt wieder die hochgeschätzte Freizeit auf den Plan. Denn diese können wir mit unserem freien Willen kontrollieren. Wir müssen diese eben nur aktiv nutzen und nicht passiv verstreichen lassen. Denn in der Freizeit kann auf jedes Ziel hingearbeitet werden. Langfristig gesehen ist es auch nicht nötig jedes der Ziele zu erreichen (manche werden nie ein Haus bauen können oder zum Mond fliegen…). Schon das alleinige auf Träume und Wünsche hin arbeiten gibt ein Gefühl des Fortschritts im Leben und eine Sicherheit von Selbst-bestimmung. Denn diese Ziele kann kein anderer beeinflussen sondern nur Sie selbst. Auch das Träumen kann dabei ungemein frusthemmend sein, wenn das erträumte Ziel zumindest im Bereich des Möglichen liegt. Die Freizeit bietet die Chance Wünsche zu erarbeiten oder sie erst einmal zu erkennen. Die Erfüllung dieser tiefen Wünsche ist das eigentliche Lebensziel. Das Leben ist dabei der Weg dahin und solange man diesen Weg voranschreitet, solange erfährt man Wohlbefinden.

8.3. Wie wirkt man Frust entgegen?

Die Frustbewältigung ist ein sehr umfangreiches Thema. Viele Menschen sind dabei auf externe Hilfe angewiesen, damit die Lebensqualität wieder zunimmt. Das gesamte Thema der Überwindung von Frust kann somit nicht Inhalt des Buches sein. Ich möchte die Verhinderung von Frust aus einem ganz bestimmten Blickwinkel betrachten und somit etwas Einblick in diese Thematik vermitteln.

„Was möchte ich eigentlich?" Diese Frage sollte sich jeder Mensch ab und zu in seinem Leben stellen. 2 grundlegende Fehler, im Umgang mit den eigenen Zielen als Individuum, sind der Keim des Frustes. Eine Ursache ist, dass wir unsere Ziele, unsere Bestimmung, nicht kennen. Wir leben in den Tag hinein und die Wochen, Monate und Jahre vergehen. Ein richtiger Inhalt unseres Daseins bleibt uns verwehrt. Wir sind eben da, wie die anderen Milliarden Menschen auch. Die andere Ursache ist, dass wir zwar unsere inneren Ziele kennen, aber keine Kraft und Energie daran setzen auf diese hinzuarbeiten. Das erkennt man an klaren Stellungnahmen, welche sich durch Aussagen wie „Das ist nicht gerecht, dagegen müsste man was tun.", „ich würde so gern in diese Gegend auswandern.", „Den Tieren muss doch geholfen werden" oder ähnliche Worte zeigen. Hierbei ist klar eine Orientierung des Menschen zu erkennen. Allerdings zeigen gleichzeitig die Worte „müsste, würde, könnte…", dass keine Aktivität vorliegt, damit auf diese Ziele hingearbeitet wird.

Diese beiden Umstände können mit der so wichtigen Frage nach dem Lebensinhalt „Was möchte ich eigentlich?" beseitigt werden. Ein Mensch, welcher seine eigenen tiefen Ziele und Wünsche kennt, der kann sein Leben daran orientieren.

Oft ist es die empfundene Inhaltslosigkeit der eigenen Existenz, welche Frustration bewirkt. Dadurch haben wir nämlich kein großes Ziel, beziehungsweise keine zentrale Aufgabe, während unserer Lebzeit. Wichtig ist es, dass die gesetzten Ziele auch

Ziele sind, welche im eigenen Einflussbereich liegen. Beispielsweise ist das Ziel ein bestimmtes Gehaltslevel zu erreichen nicht wirklich sinnvoll, da Karriere und beruflicher Erfolg oft auch von externen Faktoren abhängig sind.

Wer sein persönliches Ziel im Leben kennt, der hat die Pflicht sich selbst gegenüber, seine Aktivität daran zu orientieren. Die Ziele sind dabei so umfangreich, wie die Anzahl der Menschen auf der Erde. Ziel kann die Entwicklung der Kinder sein. Der Einsatz der kreativen Ader zur Schaffung von Kunst ist ein ehrenwertes Ziel. Neue Ideale zu etablieren, weil man von der aktuellen Gesellschaft einfach nur enttäuscht ist, kann ein Antrieb sein. Andere Kulturen zu entdecken und verstehen ist ein solcher Lebensinhalt. Die Frage nach dem Ziel ist eng mit der Frage nach dem Sinn des Lebens verflochten. In Kapitel 10 gehe ich darauf ausführlicher ein. Egal wie das Ziel aussieht, es darf nicht vom materiellen Reichtum motiviert sein. Denn dieser ist abhängig von der Meinung der Gesellschaft, was keinesfalls mit der eigenen Zielsetzung korrelieren kann.

Um Frust entgegen zu wirken, nutzen Sie Aktivität in Ihrer Freizeit. Auf diese Weise lernen Sie Ihre eigene Person und Ihren eigenen Lebensinhalt viel besser kennen und werden irgendwann verstehen, wonach es sich zu streben lohnt.

Das Ziel zu erreichen ist dabei relativ zu sehen. Wenn wir einen neuen Pfad gehen (aufgrund eines neuen Zieles), dann wissen wir nicht, was uns erwartet. Daher ist jeder Fortschritt ein Erfolg und impliziert mehr oder minder das Erreichen des Ziels. Nehmen wir einmal an, dass Sie die Ideale der Gesellschaft in Frage stellen und dies in die Welt hinaus mitteilen wollen. Was ist dabei das Ziel? Das Ziel wäre Menschen zu erreichen, damit diese ihre Moral hinterfragen. Ist das Ziel erreicht, wenn Sie 10, 1000, oder 1.000.000 Menschen wach gerüttelt haben? Sicherlich ist die Frage nicht beantwortbar, da Sie keinen Vergleich aus Ihrer Lebenserfahrung heranziehen können. Somit ist jeder einzelne Mensch, welcher das Menschsein hinterfragt, ein erreichtes Ziel.

Darum wird die Aktivität auf das Ziel hin zu einem wichtigen Lebensinhalt, welchen Sie beeinflussen können.

Kapitel 9: Glücksgefühle – Ursache für ein schönes Leben.

Unser Leben ist ein chronologischer Ablauf von Ereignissen, welche allesamt einen Einfluss auf uns ausüben. Durch den Ablauf dieser Ereignisse können wir die Zeit als vergänglich wahrnehmen. Vergangenheit, Gegenwart und Zukunft werden von uns aufeinander folgend wahrgenommen. Auf diese Weise verspüren wir letztendlich auch das Vergehen der Zeit. Ein Lebewesen ist dabei bestrebt solche Ereignisse herbeizuführen, welche ein angenehmes Gefühl vermitteln. Gefühle existieren dabei nur in der Gegenwart, da dies das einzige temporäre Element ist, welches wir erleben. Eine angenehme Gegenwart erzeugt somit eine positiv wirkende Vergangenheit und eine bessere Lebensqualität.

9.1. Was sind Glücksgefühle?

Ursprünglich verstehen wir unter Glück etwas ganz anderes. Glück und, als Pendant, Pech sind beides Beschreibungen, welche eine überdurchschnittliche Erfahrung von positiven und negativen Erlebnissen beschreiben. Die Bezeichnung vom Glücksgefühl ist die resultierende Empfindung, welche wir beim Erleben von Glück verspüren. Es ist somit eher eine Hilfsbeschreibung, als ein natürlicher Zustand. Das Pendant dazu, das Pechgefühl, wird in der Umgangssprache auch nicht verwendet, was ebenfalls zeigt, dass die Beschreibung Glücksgefühl nur eine Kreation ist.

Glücksgefühle sind also angenehme Empfindungen. Sie haben physische sowie psychische Reaktionen zur Folge. Diese

Reaktionen sorgen für eine derart positive Stimmung, dass wir unbedingt nach mehr solcher Erfahrungen streben wollen. Solche entstehenden Gefühle sind nicht speicherbar, wie beispielsweise Fotos oder Videofilme. Diese Medien sind allesamt von den Reizinputs unserer Sinne abhängig. Derartige Inputs können aufgefangen und somit als Vergangenheit archiviert werden. Genauso werden direkte Erinnerungen im Gehirn gespeichert. Wenn wir etwas erleben, dann sorgen diverse elektrochemische Strukturen dafür, dass das Erlebnis gespeichert wird. Meist geschieht dies in der Hoffnung, dass die schönen Erlebnisse, welche technisch (Video) oder biologisch (Gehirn) gespeichert werden, auch zu späterer Zeit die Glücksgefühle erneut auslösen. Im Allgemeinen müssen wir jedoch leider feststellen, dass diese Reaktivierung der Gefühle nicht möglich ist. Wenn wir im Urlaub einen Berg bestiegen haben, dann erfahren wir dabei eine unglaubliche Erfüllung. Wenn wir uns nun im Nachgang die Bilder dieser Besteigung anschauen, dann erinnern wir uns zwar gern zurück, das Gefühl dieses Erlebnisses bleibt uns jedoch verwehrt.

An dieser Stelle muss ich jedoch erwähnen, dass es Menschen gibt, welche besondere Erlebnisse sehr detailliert geistig erneut durchleben können. Konzentration, Phantasie, Kreativität und psychische Disziplin ermöglichen es, dass gespeicherte Erfahrungen in ihrer gesamten Fülle wiedergeholt werden können. Derartige Techniken sind eine Bereicherung für das Leben an sich, da glückliche Momente geschaffen werden können. Solche Möglichkeiten sollen jedoch nicht Inhalt dieses Buches sein. Jedoch können Sie davon ausgehen, dass das Fernsehen mit all seinen Auswirkungen garantiert derartige Fähigkeiten blockiert. Menschen mit solchen geistigen Möglichkeiten sind schon längst über den Entwicklungsstatus der „passiven Berieselung" hinaus.

Glücksgefühle sind also ausschließlich Elemente der Gegenwart. Wir beschreiben damit eine sehr angenehme Empfindung, welche aus einer positiven Situation resultiert. Man kann sie auch als Freude, Losgelöstheit, glücklich sein, Erleichterung oder andere Beschreibungen positiver emotionaler Erfahrungen beschreiben. Wenn wir das lesen, fällt uns da nicht etwas auf? Während unserer Lebzeit versuchen wir die Umstände derart zu beeinflussen, dass sie Einflüsse auf uns hervorbringen, welche für Glücksgefühle sorgen. Dabei kann es sich um langwierige Vorhaben handeln, was zum Beispiel Kinder sind. Wir erhoffen uns durch diese eine Bereicherung für unser Leben und daraus resultierende Glücksgefühle. Und es kann sich um kurzfristig angelegte Handlungen handeln. Dazu zählt beispielsweise ein Fallschirmsprung, das tauchen Gehen oder einen Berg besteigen. Alles was wir tun, ist von einem Ziel motiviert: Das empfinden von Glück. Um eine philosophische Komponente einfliesen zu lassen, bietet diese Stelle eine sehr passende Möglichkeit für folgende bekannte Frage: Was ist der Sinn des Lebens? Sollte die Antwort darauf denkbar einfach lauten: Sinn des Lebens ist es, Glücksgefühle zu empfinden. ? Glück ist für jeden Menschen ganz individuell von seinen Wertvorstellungen und Idealen abhängig. Daran orientiert jeder Mensch seine Lebensordnung. An dieser Stelle sind wir wieder bei der Frage nach dem eigentlichen Ziel des Lebens. Wie dies auch immer ist und was für Einflüsse das Glücksgefühl provoziert, es ist sicher, dass das Fernsehen dieses Verständnis verschleiert und wertvolle Zeit auf dem Weg zu den eigenen Glücksgefühlen verstreichen lässt.

9.2. Wodurch entstehen Glücksgefühle?

Die Entstehung von Glücksgefühlen ist von der individuellen Persönlichkeit abhängig, das haben wir bereits erfahren. Dieses Kapitel möchte ich im Kontext zu folgender Feststellung des Philosophen John Stuart Mill (1806 – 1873) betrachten: ...Mill legt mehr Gewicht auf höhere, intellektuelle Freuden, als auf

niedrigere, körperliche Befriedigung. ... *(Quelle: Das Philosophie Buch, Seite 192)*
Wo Glücksgefühle entstehen, das ist noch nicht eindeutig determiniert. Und solange noch nicht eindeutig feststeht wo des Menschen Seele liegt, solang wird auch die Lokalisierung des Glücksgefühls auf sich warten lassen. Wir wissen jedoch, was zu Glücksgefühlen führt. Es sind unsere kognitiven Verarbeitungen unserer Realität, welche Glücksgefühle auslösen. Diese gesamten Inputs aus unseren 5 Sinnen werden einheitlich im Gehirn verarbeitet. Daraus schließen wir auch, dass die Einleitung von Glücksgefühlen im Gehirn entsteht. Körperliche Leistungen sind immer eine Art der individuellen Betrachtung der Person selbst. Beispielsweise empfindet ein Neuling im Klettern das Bezwingen ein 2000m Berges als gigantisches Erlebnis. Im Gegensatz zu einem Profi, welcher diese Erfahrung maximal als etwas angenehm bewertet. Wir sehen also, dass die Aussage Mills schon sehr relevant ist, zumal unsere ganze Realität, welche ja Ursache von Glücksgefühlen ist, in unserem Gehirn erschaffen wird. *(Quelle: Wie unser Gehirn die Welt erschafft, von Chris Frith).* Die Tatsache, dass wir auch Glücksgefühle in Träumen erfahren, möchte ich in diesem Buch nicht weiter betrachten. Dazu habe ich bereits andere Bücher verfasst.
Richten wir nun unsere Aufmerksamkeit auf den Punkt, dass geistige Arbeit die Ursache von Glücksempfindung ist. Unweigerlich lässt sich daraus schließen, dass auch das „Pechgefühl" sensibler auf die geistige Komponente der Persönlichkeit reagiert. Ich benutze bewusst das untypische Wort (Pechgefühl), um es als eindeutiges Pendant zum Glücksgefühl zu postulieren. Die geistige Stagnation des Zuschauers beim Fernsehen hat somit viel Potenzial ein psychisches Unwohlsein auszulösen. Die Erschaffung dieser Realität und Kombination mit der Machtlosigkeit des Zuschauers stumpft die Menschen für Glücksempfinden derart ab, dass dieses wahre Gefühl des Lebens

verloren geht. Es wird regelrecht zu einer emphatischen Rarität in unserer Zivilisation.

Glücksgefühle entstehen ausschließlich in unserem Gehirn. Ursache dafür ist die uns umgebende Welt, aus welcher wir unsere eigene Realität erzeugen. Daran ist zu erkennen, dass wir in hohem Maße selbst dafür verantwortlich sind, wann wir Glücksgefühle erfahren. Wir erschaffen mit unserem Denken, unserer Moral und unseren Idealen eine Welt, in welcher wir schlussendlich leben. Dabei ist es unsere Phantasie, welche Kreationen erschafft, die uns glücklich machen. Erinnern wir uns an dieser Stelle einmal, welche Einflüsse unserer Phantasie schaden.

Der Mensch hat nur einen begrenzten Einfluss auf den Verlauf seiner Umwelt. Aber er hat einen immensen Einfluss auf den Verlauf seiner Realität, denn die Umwelt und die Realität ist keineswegs das gleiche. Die eigene Realität, welche wir eigens erschaffen, gilt es mit Auslösern für Glücksgefühle zu versehen. Und der Sinn der eigenen Existenz, Glücksgefühle zu erfahren, ist greifbar nah.

9.3. Warum kann Fernsehen nicht zu Glücksgefühlen führen?

Was geschieht beim Fernsehen? Ganz einfach ausgedrückt beobachten wir eine andere Welt. Fiktiv oder real ist dabei uninteressant. Wir beobachten die Ereignisse, Erfolge und Misserfolge, Glück und Pech, Freude und Trauer und alle anderen Umstände des Lebens. Was bewirkt dies bei uns? Wie bereits erörtert sind wir dabei der beurteilende Part, welcher nur passiv alle Abfolgen realisiert.

Wenn wir dies mit den bisherigen Ausführungen über Glück vergleichen, dann müssen wir erkennen, dass wir nicht Teil dieser Welt sind. Glücksgefühle setzen eine Gewisse Teilhabe an Ereignissen voraus, was eine Interaktion zur Folge hat. Damit kann eine Fernsehsendung jedoch nicht annähernd dienen. Betrachten wir mal zum Vergleich das Glücksgefühl eines Fischliebhabers, wenn eine seltene Fischart sich in dessen Gefangenschaft fortpflanzt. Kritiker der Aussage über das passive Beobachten mögen an dieser Stelle einwerfen, dass auch in solchen Fälle eine Welt beobachtet wird und Ereignisse in dieser Welt eben doch solche erhabenen Gefühle auslösen. Jedoch besteht bei diesem Vergleich ein sehr wichtiger Unterschied. Der Aquariumbesitzer hat diese Wasserwelt selber geschaffen. Er hat diese umsorgt, gepflegt, behütet und aktiv geformt. Es ist somit sein Werk. Daher ist er kaum als passiver Beobachter zu deklarieren, sondern als aktiver Bestandteil dieser Welt. Das große Ziel, dass sich die Fische fortpflanzen, bestätigt ihn in seinem Engagement und es ist zumindest teilweise sein Verdienst.

Glücksgefühle entstehen also bei Ereignissen, welche wir selbst beeinflussen. Diese grundlegende Voraussetzung ist beim Fernsehen in keiner Weise geschaffen. Wir können zwar Freude empfinden, wenn jemand das bekommt was er verdient, oder wir lachen über humorige Einlagen, aber diese Reaktionen haben kein Gefühl des Glücks zur Folge.

Das lässt nur einen logischen Gedanken weiterführend zu. Mit Fernsehen verschwenden wir wertvolle Zeit, in welcher wir echte Glücksgefühle erfahren könnten. Keine eigene Energie und kein Selbstantrieb bewirken zu dieser Zeit irgendwelche Veränderungen. Wenn wir die Aussage „Glücksgefühle zu erfahren ist der Sinn des Lebens" hinzu ziehen wird umso deutlicher, dass es sich dabei um sträfliche Zeitverschwendung handelt.

Außerdem haben wir bereits erkannt, dass jedes Individuum eine eigene Realität erschafft. Diese individuelle Realität setzt die Maßstäbe für Glücksgefühle. Somit ist jede Betrachtung der Umwelt im Kontext der individuellen Sichtweise der entsprechenden Persönlichkeit zu werten. Sendungen im Fernsehen sind allerdings ein Massenmedium. Es herrscht keine am Zuschauer orientierte individuelle Umwelt. Es sind lediglich Erfahrungen aus der Realität von fremden Persönlichkeiten (in diesem Fall die Schauspieler), welche auch nur für deren Glücksgefühle modifiziert sind (wenn es sich um eine reale Welt handeln würde). Daher, wäre das Fernsehen eine echte Umwelt, welche wir nur beobachten, könnten wir selbst in diesem Fall keine Glücksgefühle erfahren.

Es ist eine Frage der eigenen Ansprüche, wenn wir Glück empfinden und wenn nicht. Materielle Werte spielen dabei eine sehr untergeordnete Rolle. Wer sich an den klassischen Werten der Gesellschaft orientiert, der wird vergebens nach derartigen Gefühlen suchen. Und wer emotionale Befriedigung und echte Freude im Fernsehen sucht, der wird sehr lange und vergeblich auf Erfolg warten. Irgendwann wird man dann feststellen, dass diese Suche nutzlos und zeitverschwendend gewesen ist. Dann kann man nur hoffen, dass noch genügend Zeit für den richtigen Weg, die Umwelt mit der eigenen Realität, bleibt.

Kapitel 10: Eine philosophische Betrachtung und die Folgen daraus.

Nachdem Sie nun umfassende Einblicke über die weit reichende Wirkung des Fernsehens und die direkten Folgen gewonnen haben, bleibt nun die eine Frage bestehen: Was bedeutet dies für jeden Einzelnen? In erster Linie muss dies jeder selbst für sich entscheiden. Die Kenntnis der Verluste im Leben, welche man durch das Fernsehen erfährt, soll dabei eine Hilfe sein. Es ist daher der falsche Weg, wenn ich postulieren würde, dass es in Ordnung ist maximal einen Film pro Woche zu schauen oder nur Nachrichten und spezielle Dokumentationen zu sehen. Dafür gibt es keine Regel. Meine persönliche Meinung (kein dogmatischer Schluss!) ist die Abschaffung des Fernsehers. Jedoch sind auch weniger drastische Schritte ein Gewinn für das Leben. Dazu möchte ich in diesem Kapitel noch ein paar letzte Denkanstöße vermitteln, sowie Zusammenfassungen aus den bisherigen Aufzeichnungen darstellen.

10.1. Was ist ein guter Tag? Was ist ein gutes Leben?

Wann bezeichnen wir etwas als gut? Vorab müssen wir differenzieren, wie „gut" zu verstehen ist. Es ist nicht als das klassische Pendant zu der Eigenschaft „böse" zu setzen. Wir würden am Ende eines Tages auch nicht sagen, dass wir einen bösen Tag hatten (falls der Tag nicht gut war). Am Ende eines guten Tages haben wir das Gefühl, dass dieser Tag sinnvoll gewesen ist. Ich denke mit dieser Bewertung kann man etwas anfangen. In gewisser Weise hat diese Antwort das Problem von „gut" auf den „Sinn" gelegt. Wann hat etwas einen Sinn? Diese Frage scheint uns etwas vertrauter und somit können wir diese besser beantworten. Ein Tag hat einen Sinn, wenn er einen bestimmten Zweck erfüllt. Was kann wiederum dieser Zweck sein? An der Stelle setzt die Individualität ein. Der Zweck eines Tages kann sein: Menschen zu erfreuen, sein Wissen zu erweitern, Jemandem helfen, Etwas zu erschaffen, ein Ziel zu erreichen, seine Leistung zu verbessern, sich entspannen und so weiter. Der Zweck eines Tages aus Sicht des Individuums kann NICHT(!) sein: seine Arbeit zu verrichten, Geld zu verdienen, Anderen zu schaden, der Wirtschaft zu dienen, die Zeit zu verschwenden, Andere Dinge zu beurteilen und so weiter. Der Zweck eines Tages orientiert sich an der Verteilung von Werten, Wissen, Wohlbefinden und Stolz durch Selbsterfüllung (wer vom Umfeld gemocht wird und etwas erreicht sorgt automatisch für Wohlbefinden bei anderen Menschen).

Wir können also davon ausgehen, dass der Tag einen Sinn hat, wenn dieser seinen Zweck erfüllt. Somit wird aus einem Tag ein guter Tag. Wenn wir mal den Punkt des „Zwecks eines Tages" anschauen, dann müssen wir erkennen, dass dies ausschließlich Inhalte sind, welche ihre Wurzeln im freien Willen haben. Das sind nämlich Dinge, welche sich allein auf die Person selbst beziehen. Weder wirtschaftliche Interessen, Ruhm oder Konkurrenzkämpfe können diese Intentionen abdecken.

Weiterhin können wir davon ausgehen, dass ein guter Tag aktiven Einfluss auf das Umfeld impliziert. Dieser Einfluss hat eine Interaktion zur Folge. Wenn unser Einfluss positiv ist, dann dienen wir uns in gewisser Weise selbst damit, da wir eine positive Resonanz zu erwarten haben. Daraus schließend ist eine positive Interaktion mit der Umwelt erstrebenswert.

Eine Interaktion, welche derart motiviert ist, basiert ausschließlich auf freiem Willen, was ausschließlich die Zeitspanne der Freizeit impliziert. Mit dieser Herangehensweise haben wir jene Faktoren, welche wir nicht beeinflussen können, aus der Bewertung des Tages herausgenommen. Das ist ein ganz wichtiger Schritt zur Selbststeuerung des Wohlbefindens. Es ist nämlich sehr wichtig, dass unser Wohlbefinden von Faktoren abhängig ist, welche ausschließlich in unserem Einflussbereich liegen.

Daraus müssen wir schließen, dass unsere Freizeit dafür verantwortlich ist, ob wir einen guten Tag verbracht haben. Um die Frage nach den eigenen Idealen eines guten Tages zu beantworten ist Selbsterkenntnis sehr wichtig.

Im Buch habe ich das Thema der langfristigen Ziele im Leben schon einmal aufgegriffen. So wie wir über uns selbst reflektieren müssen, was für uns einen guten Tag ausmacht, so sollten wir auch über unsere langfristigen latenten Vorhaben unseres Lebens nachdenken. Wenn wir unsere eigenen Werte und emotionalen Neigungen kennen, dann können wir unserem Dasein auch einen Sinn geben, was uns erst einmal Glücksgefühle ermöglicht.

Im Hinblick auf die Frage, was denn ein gutes Leben sei, kann man folgenden Weg wählen. Was ist ein gutes Auge? Sicherlich eines, mit welchem man toll sieht. Was ist ein gutes Ohr? Das ist ein Ohr, welches die akustischen Signale optimal verarbeitet. Allgemein kann man nun sagen: Etwas ist als gut zu bewerten, wenn es den zugeschriebenen Fähigkeiten gerecht wird. Was ist ein gutes Leben? Das ist ein Leben, welches seine Fähigkeiten bestmöglich nutzt. Diese Fähigkeiten sind natürlich weitaus komplexer, als die einzelnen sinnlichen Aufgaben der entsprechenden Organe zur Wahrnehmung. Zudem sind die Fähigkeiten des Lebens noch nicht erschlossen, da wir das Leben an sich nicht befriedigend definieren können. Der derzeitige Zweck eines Lebens ist also seine Fähigkeiten zu entdecken und die bereits entdeckten Fähigkeiten zu nutzen und zu fördern. Mit unserem derzeitigen Horizont ist diese Definition eines guten Lebens vorerst treffend. Ob diese im Laufe der weiteren Erkenntnisse mal modifiziert werden muss bleibt abzuwarten. Wir können uns jedoch mit einem ganz sicher sein. Das Vergehen des Lebens abzuwarten, indem wir unsere Freizeit sträflich verstreichen lassen, ist ganz sicher der falsche Weg. Irgendwann, wenn sich die Tage des Lebens dem Ende neigen muss jeder Mensch vor sich selbst Rechnung tragen, ob das eigene Leben denn ein gutes gewesen ist. Wenn man dann feststellt, dass die Freizeit verschenkt wurde und somit der freie Wille beschnitten, dann ist es eine gute Einsicht zu einem leider viel zu späten Zeitpunkt.

10.2. Welche Rolle spielt die Philosophie hierbei?

Die Unterpunkte in Kapitel 10 sind philosophisch orientiert. Leider wird die Philosophie in der Allgemeinheit etwas „stiefmütterlich" behandelt. Sie bietet jedoch hervorragende Möglichkeiten des Verstehens, damit der Mensch sich seiner Rolle als Lebewesen bewusst wird. Diese Wissenschaft ist nicht empirisch messbar und erfüllt auch nicht die klassischen Merkmale wissenschaftlicher Untersuchungen. Beispielsweise ist eine philosophische Betrachtung in der Regel nicht widerlegbar, was jedoch eine Grundvoraussetzung für wissenschaftliche Aussagen ist.

Kreatives Denken und besondere Herangehensweisen an Problematiken sind der Keim der Philosophie. Sätze mit dem Charakter „Was wäre wenn..." haben immer einen philosophischen Standpunkt. Es ist somit die Wissenschaft des Denkens woher wir kommen und wohin wir gehen. Durch derartige Betrachtungen gelingt es immer wieder aktuelle Umstände zu hinterfragen und Missstände zu verdeutlichen.

Diese Tugenden sind in der heutigen Gesellschaft jedoch weitestgehend verdrängt. Dabei kann jeder Mensch ein Philosoph für den eigenen Lebensweg werden. Wer seinen Standpunkt nicht hinterfragt, Fakten nicht verschieden betrachtet und Entwicklungen nicht abwägt, der ignoriert erfolgreich die eigenen philosophischen Komponenten.

Wer den Umgang der Menschen mit sich selbst und der Umwelt betrachten, wer die aktuelle Gesellschaft kritisch sieht und Veränderungen erwartet, wer außerdem den Sinn des Menschseins aktuell einfach nicht erkennen kann oder einen Sinn überhaupt in Frage stellt, der findet Antworten darauf nur in der Philosophie. Dabei ist es unumgänglich Fragen zu stellen, um den aktuellen Zustand neu zu bewerten. Dies impliziert ein Aufleben der Philosophie und kann zu einem Umdenken eines jeden Einzelnen führen. Dafür ist ein anspruchsvolles geistiges Niveau, eine Ausblendung der aktuellen Werte der klassischen Gesellschaft sowie Mut zur Veränderung unumgänglich.

Um seinen Horizont derart hochwertig zu erweitern bedarf es ganz klar der Abwendung der großflächigen medialen Einflüsse. Selbst denken und nicht denken lassen muss dabei die Devise lauten.

10.3. Sinn des Lebens.

Wenn wir über Sinnigkeit und Sinnlosigkeit des Fernsehens sprechen, dann führt uns dies irgendwann automatisch auf die Frage nach dem Sinn des Lebens. Im Kapitel über Glücksgefühle wurde der Gedanke dargestellt, dass es der Sinn des Lebens ist Glücksgefühle zu erfahren. Wenn wir diesen Gedanken nun genauer verfolgen, dann ergibt sich daraus folgender Umstand. Wir wissen, dass Glücksgefühle aufgrund von Aktivität entstehen. Diese Aktivität orientiert sich an tiefen eigenen Zielen. Diese Ziele können langfristig oder kurzfristig angelegt sein. Das ist eher Nebensache. Wichtig ist nur, dass diese Ziele in jedem Menschen selbst vorhanden sind und dabei auf ihre Entdeckung warten. Wir haben somit die Frage nach dem Sinn des Lebens auf die Ziele des Lebens verlagert. Glücksgefühle sind hierbei als eine Art Wegweiser zu verstehen, welcher sich einschaltet, wenn wir auf dem richtigen Weg sind.

Das Ziel und der Sinn eines Lebens kann zusammenfassend als dessen Essenz betrachtet werden. Wir wissen bereits, dass jeder Mensch seine eigene Essenz aufweist. Daraus lässt sich schließen, dass jeder selbst die Aufgabe hat, seine Essenz zu entdecken. An dieser Stelle kommt ein wichtiger Punkt. Wir dürfen nicht davon ausgehen, dass unser Leben von Beginn an einen Sinn aufweist. Wann erfährt ein Objekt vor seiner Erschaffung einen Sinn? Wenn wir einen Stuhl bauen, dann mit dem Hintergedanken, dass sich jemand draufsetzen kann. Bauen wir ein Messer, dann hat dies den Grund, dass etwas damit geschnitten wird. Also wenn etwas vor seiner Erschaffung bereits einen Sinn hat, dann hat jemand diesen Sinn festgelegt und darauf hin etwas produziert. Wer soll den Menschen an sich aufgrund eines Sinns geschaffen haben? An dieser Stelle postulieren einige Menschen einen Gott, welcher diese Frage befriedigend klärt. Jedoch verlagert diese Antwort die Frage nur auf eine nächst höhere Ebene. Denn wer hat Gott anhand einer Essenz geschaffen? Diese Verlagerung ist zur Bearbeitung dieser Frage sinnfrei, sodass wir uns dieser einmal entledigen wollen. Wir bleiben also bei der Feststellung, dass es keine Instanz gibt, welche den Menschen mit einem bestimmten Sinn erschaffen hat. Auch wenn in der bestehenden Zivilisation ein neues Individuum geboren wird, so erfüllt dieses noch keinen Sinn oder Zweck. Es hat keine Essenz. Eltern gebären ihre Kinder nicht aus einem bestimmten Grund, sondern weil sie dabei Glück empfinden. Es scheint in der Regel also ein Teil des langfristigen Lebensziels zu sein. Ob dies so ist, lässt sich hier nicht abschließend klären. Was wir jedoch anführen können, ist folgende Aussage von Jean-Paul Sartre (1905-1980): „Die Existenz geht der Essenz voraus." (*Quelle: Das Philosophiebuch, Seite 268*).

So leicht ist es einem Menschen also nicht gemacht, dass er von Geburt an einen Sinn erfüllt. Es wäre arrogant zu glauben, dass wir für eine bestimmte Rolle in der Umwelt geschaffen werden und diese nur spielen müssen. Dies wäre zu einfach. Es liegt somit an jedem Menschen selbst seinem Leben einen Sinn zu geben. Wir werden zufällig geboren und finden uns in einer ungreifbaren und riesigen Umwelt wieder. Wir haben keine Aufgabe in dieser Umwelt, also erfüllen wir keinen Sinn. Wenn wir unser Leben verschwenden, dann werden wir mit eben diesen gleichen Attributen sterben. Wir wären ohne Sinn gekommen und dann ohne Sinn gegangen. Welch eine Verschwendung. Also liegt es an uns selbst unserem Leben einen Sinn zu geben. Dafür müssen wir, wie bereits erörtert, unsere Ziele kennen und nach diesen streben. Da wir einen Großteil des Alltags dafür einsetzen müssen, dass wir unseren Lebensstandard halten, bleibt nur unsere Freizeit übrig, um unserem Dasein einen Sinn zu verleihen. Wenn wir diese Freizeit mit Fernsehen verschwenden, verbauen wir uns jegliche Sinnhaftigkeit unseres Lebens.

10.4. Ruhm und geistige Erfüllung sind nicht vereinbar.

Das Fernsehen suggeriert uns Ideale, welche nicht mit dem Sinn des Lebens korrelieren. Der Mensch denkt materiell, beneidet andere, welche den Weg ins Fernsehen geschafft haben, akzeptiert die enormen Reichtümer, welche das Fernsehen hervorbringt, und strebt nach diesen in seinen Träumen. Das Fernsehen erzeugt eine künstliche Welt voller Traumerfüllung und Lebensinhalten. Wenn wir das Gerät nun ausschalten, dann müsste diese Seifenblase platzen. Tut sie jedoch nicht, weil wir derart konditioniert sind, dass wir diese Vorstellungen im inneren weiterleben.

Aufgrund der entstehenden Ideale scheint Ruhm ein anerkanntes Ziel unserer Gesellschaft zu sein. Aus Ruhm resultiert immerhin Reichtum und aus Reichtum können materielle Wünsche erfüllt werden. Kann das der Sinn eines Lebens sein? Wo liegt der Zweck, wenn man ein teures Auto, ein zweites Haus oder ein großes Boot besitzt?

Durch das Fernsehen erfahren wir eine Welt, welche sich uns erstrebenswert darstellt. Entweder eifern wir den gespielten Figuren nach oder aber wir beneiden die Schauspieler um deren Bekanntheit.

Jedoch muss sich der Mensch einmal entscheiden, was er will. Möchte er nach Ruhm und Reichtum streben oder nach einer Erfüllung des Sinns in seinem Leben? Beides gemeinsam funktioniert so nicht.

Wer nach Erfüllung des Lebens strebt, der muss vorab den Sinn seines Lebens entdecken. Wir wissen, dass dies mit Selbsterkenntnis und dem Losreisen von fiktiven Realitäten einhergeht. Zudem sollte sich die Freizeitgestaltung an Dingen orientieren, welche leider absolut nicht typisch für unsere Gesellschaft sind. Geistige Erfüllung bedarf also einer Loslösung von der Meinung anderer Menschen, da nur wir selbst den Weg dieser Erfüllung kennen können. Ruhm jedoch macht uns abhängig von der Meinung anderer. Sie müssen uns in irgendeiner Weise derart bewerten, dass sie es für lohnenswert erachten nach uns zu verlangen. Wir sind also angewiesen auf die Meinung anderer, wenn wir nach Ruhm streben.

Das Verlangen nach Ruhm wird durch das Fernsehen gefördert. Somit kann Fernsehen und geistige Erfüllung nicht miteinander harmonieren.

10.5. Prämissen und die Schlüsse daraus.

In diesem letzten Kapitel möchte ich zusammenfassend einige Darstellungen aufzeigen, welche wir aus dem Gelesenen ziehen können. Die Bewertung dieser Ausführungen überlasse ich dabei ganz Ihnen. Es soll sich dabei um Denkanstöße und Zusammenhänge handeln, welche die Einflüsse des Fernsehens auf eine grafische Art vermitteln. Wie Sie diese auffassen und bewerten, das müssen Sie selbst entscheiden. Ich kann Ihnen in diesem Buch nur die Tatsachen liefern.

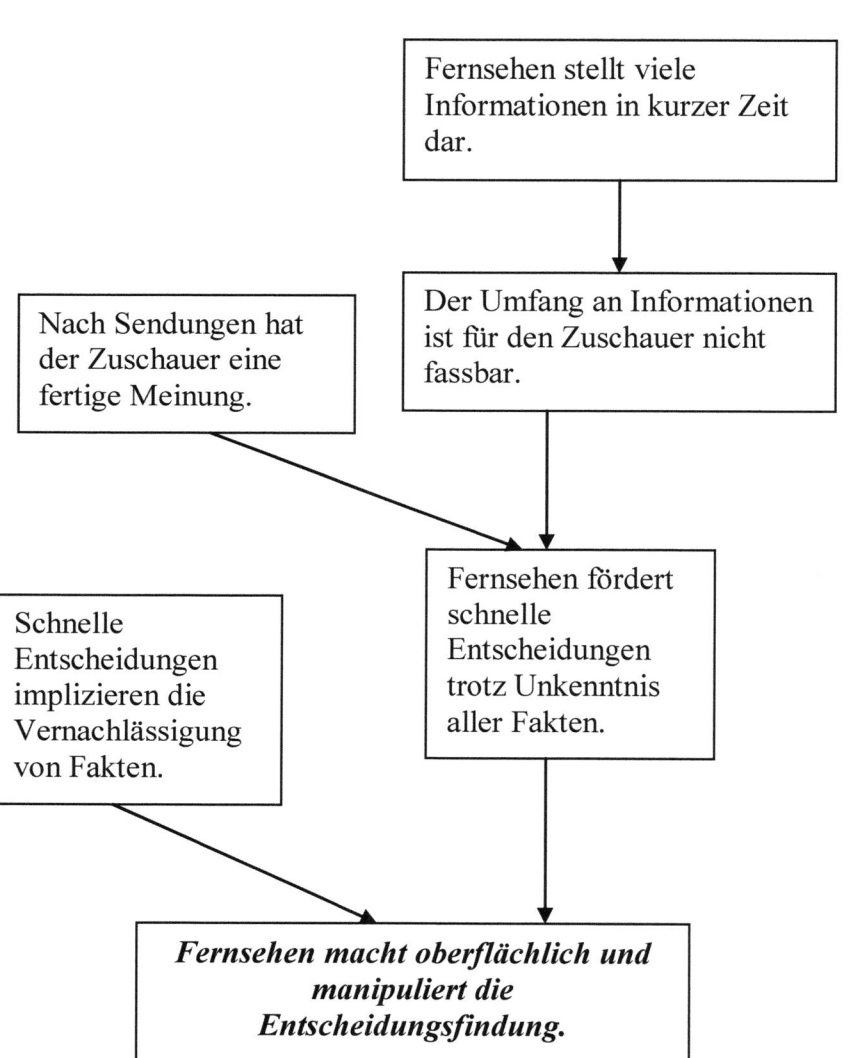

Fernsehen stellt viele Informationen in kurzer Zeit dar.

Der Umfang an Informationen ist für den Zuschauer nicht fassbar.

Nach Sendungen hat der Zuschauer eine fertige Meinung.

Schnelle Entscheidungen implizieren die Vernachlässigung von Fakten.

Fernsehen fördert schnelle Entscheidungen trotz Unkenntnis aller Fakten.

Fernsehen macht oberflächlich und manipuliert die Entscheidungsfindung.

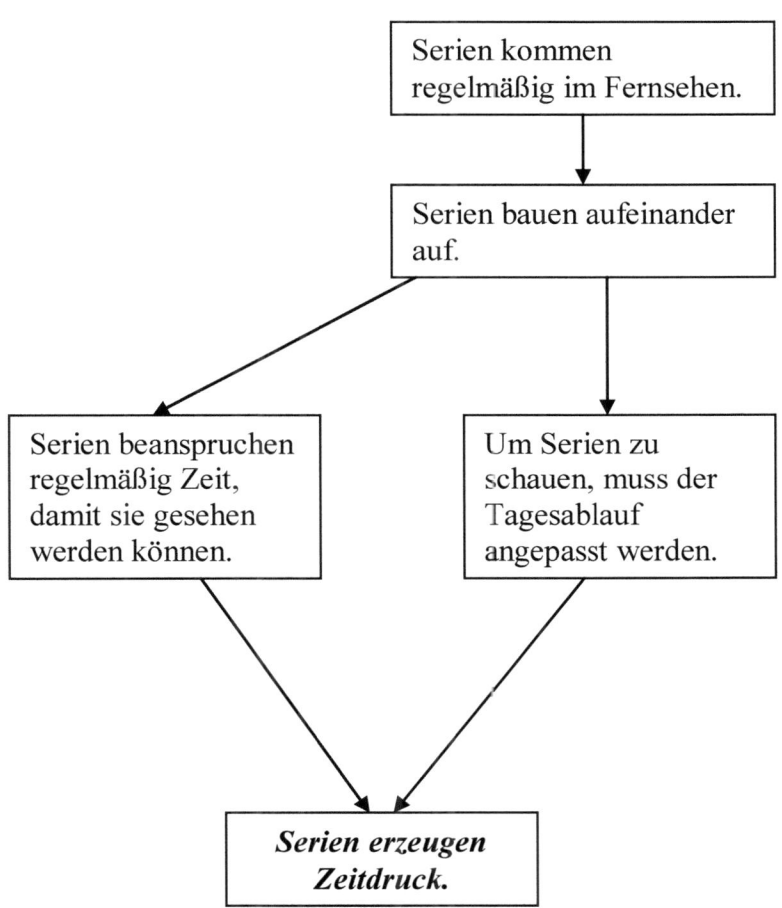

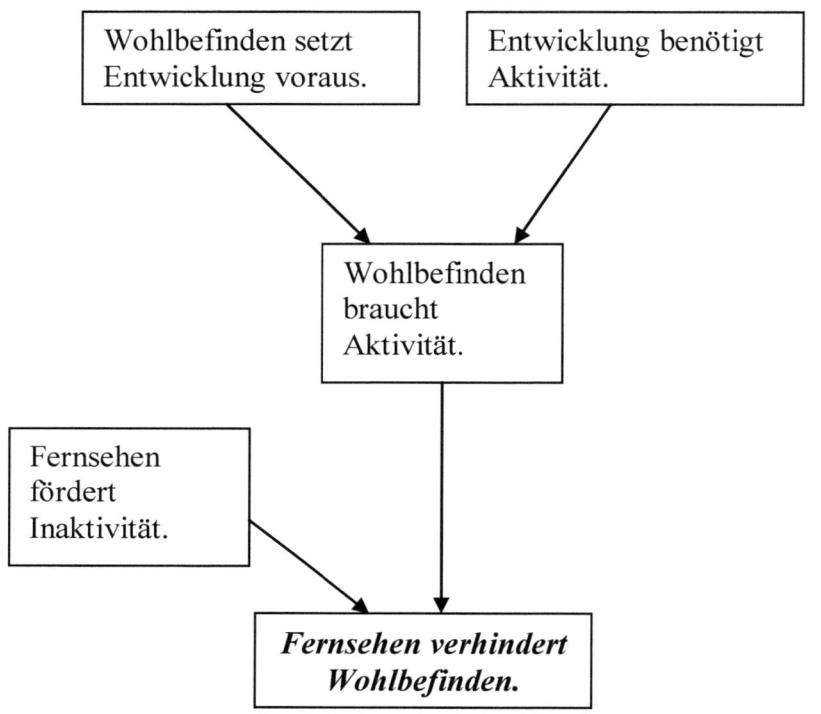

Wohlbefinden setzt Entwicklung voraus.

Entwicklung benötigt Aktivität.

Wohlbefinden braucht Aktivität.

Fernsehen fördert Inaktivität.

Fernsehen verhindert Wohlbefinden.

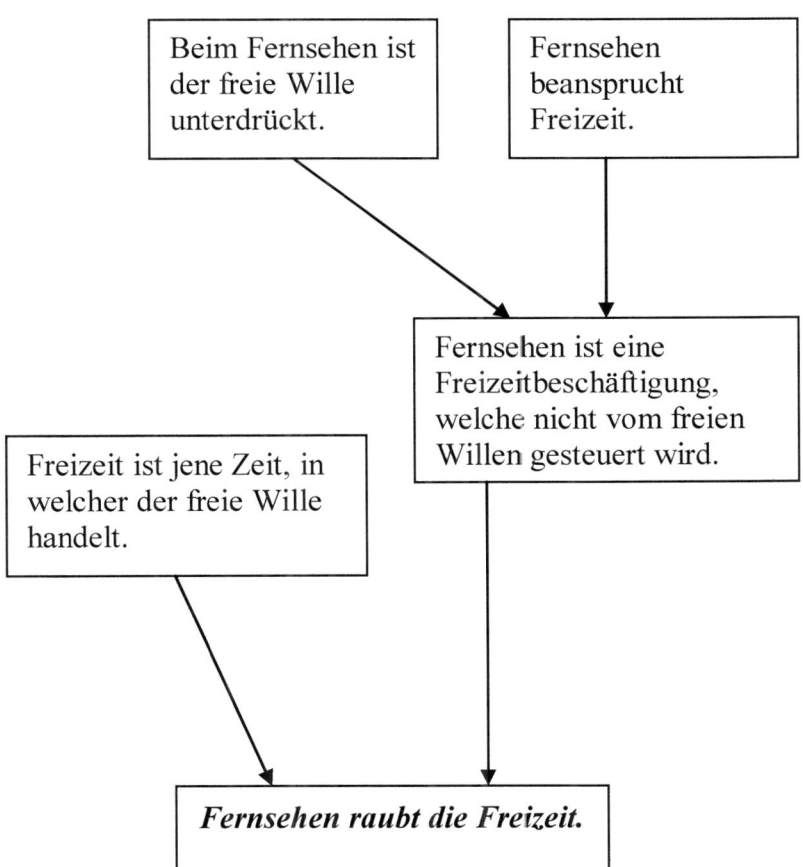

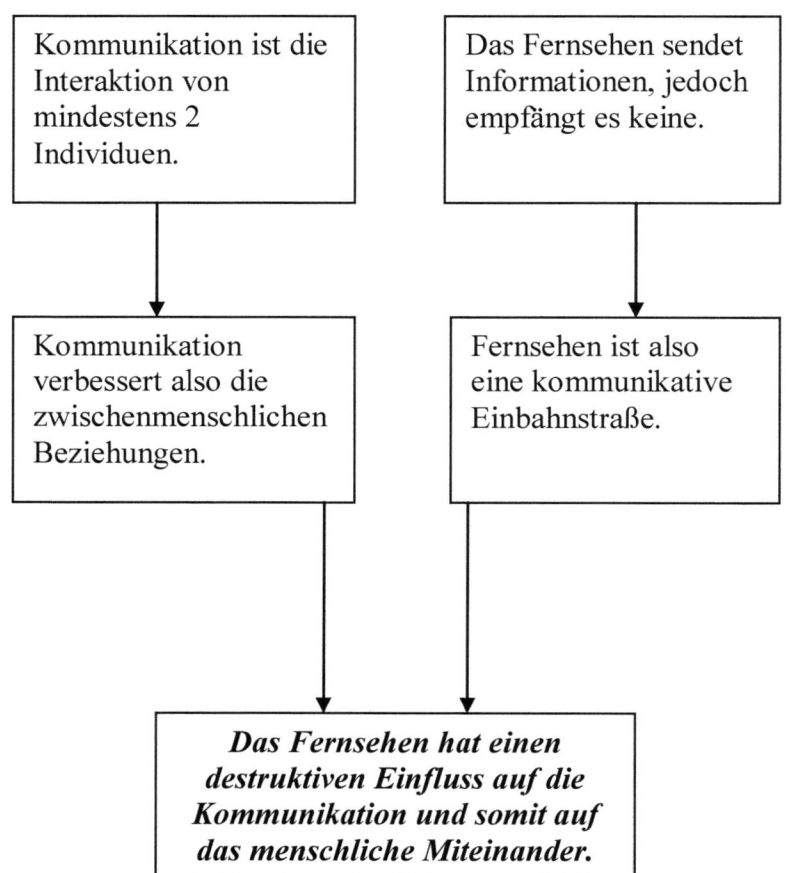

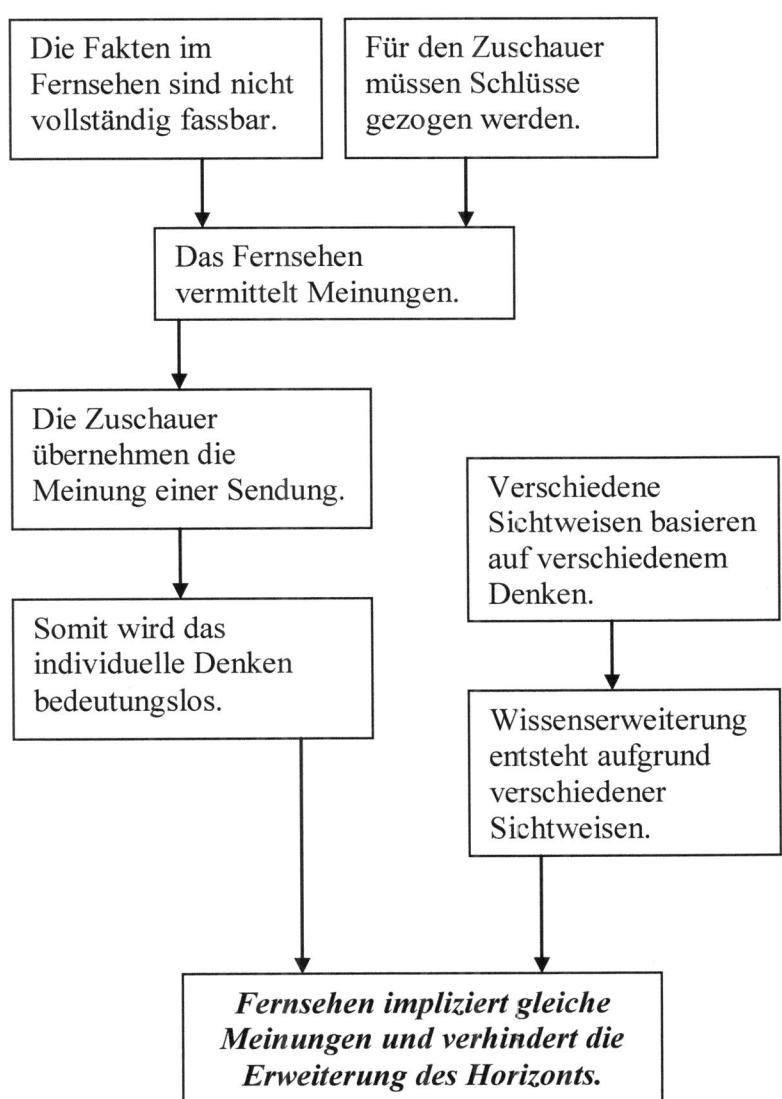

Die Fakten im Fernsehen sind nicht vollständig fassbar.

Für den Zuschauer müssen Schlüsse gezogen werden.

Das Fernsehen vermittelt Meinungen.

Die Zuschauer übernehmen die Meinung einer Sendung.

Verschiedene Sichtweisen basieren auf verschiedenem Denken.

Somit wird das individuelle Denken bedeutungslos.

Wissenserweiterung entsteht aufgrund verschiedener Sichtweisen.

Fernsehen impliziert gleiche Meinungen und verhindert die Erweiterung des Horizonts.

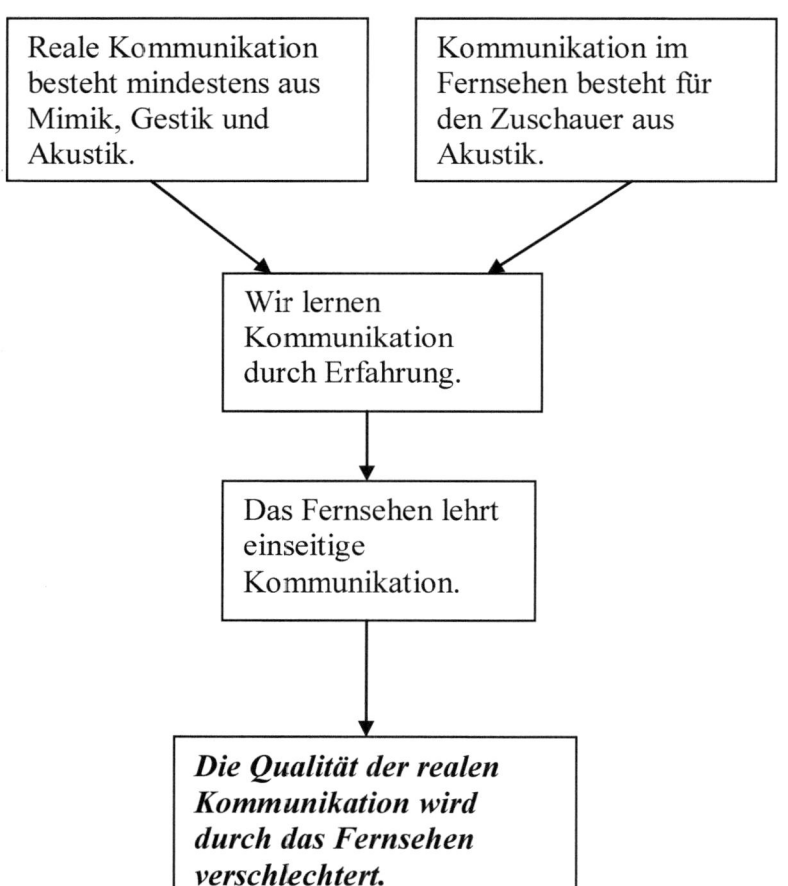

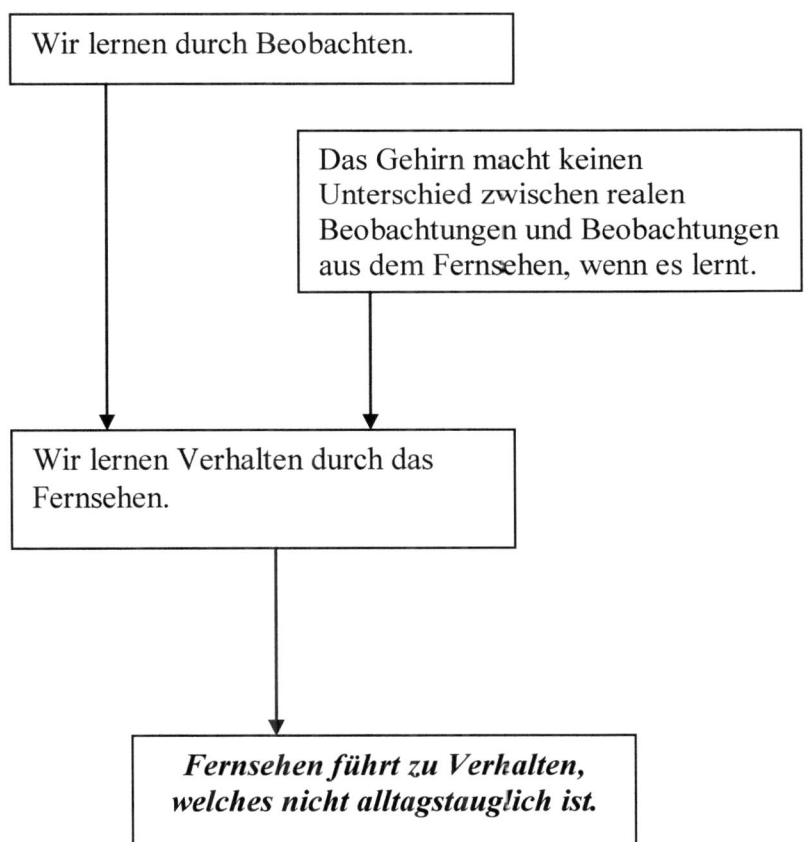

Wir lernen durch Beobachten.

Das Gehirn macht keinen Unterschied zwischen realen Beobachtungen und Beobachtungen aus dem Fernsehen, wenn es lernt.

Wir lernen Verhalten durch das Fernsehen.

Fernsehen führt zu Verhalten, welches nicht alltagstauglich ist.

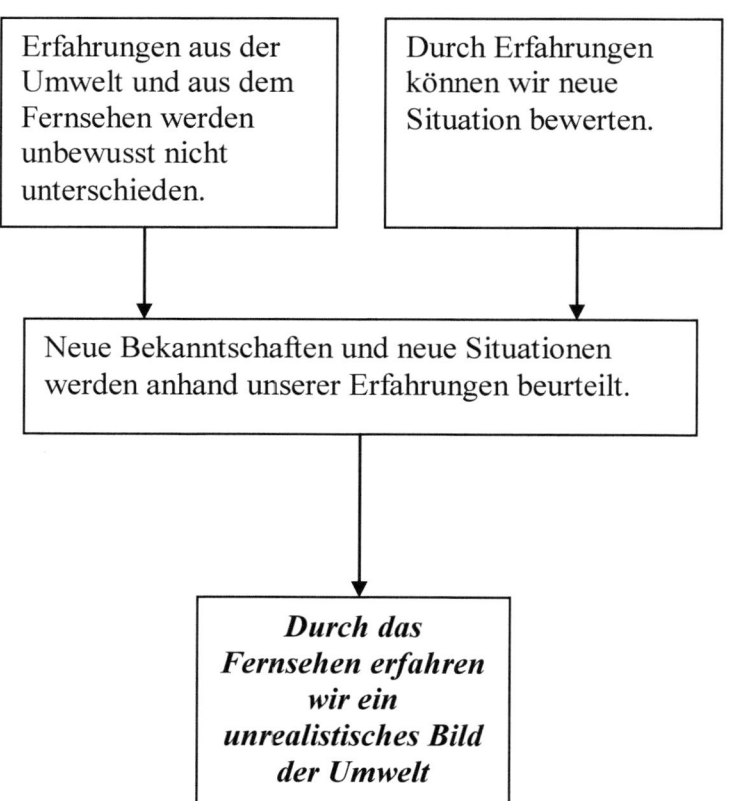

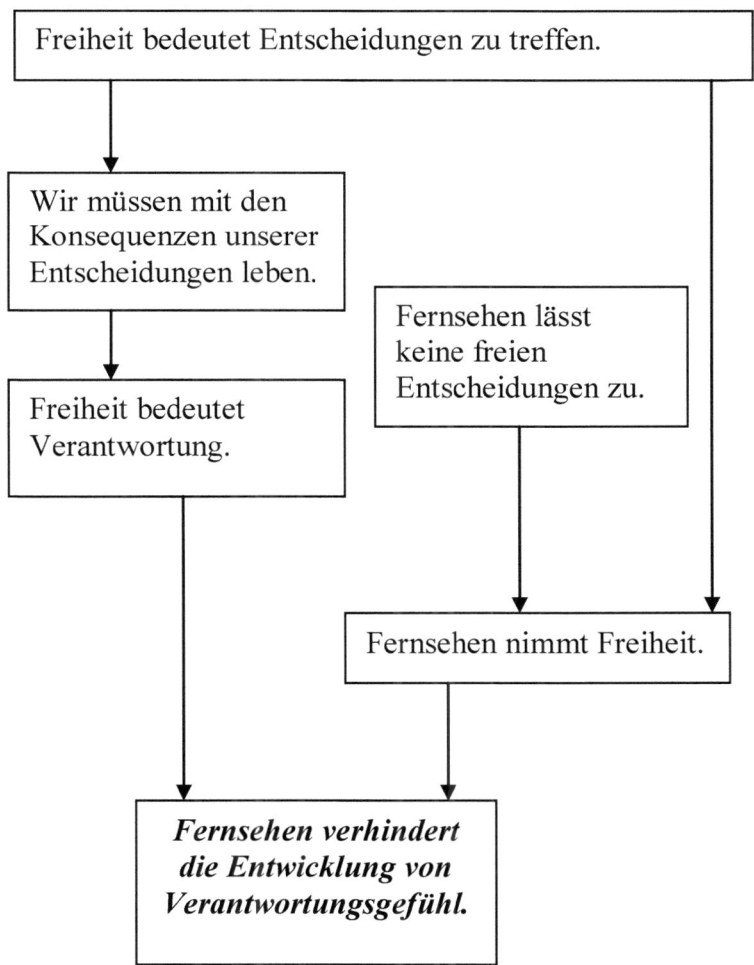

Freiheit bedeutet Entscheidungen zu treffen.

Wir müssen mit den Konsequenzen unserer Entscheidungen leben.

Freiheit bedeutet Verantwortung.

Fernsehen lässt keine freien Entscheidungen zu.

Fernsehen nimmt Freiheit.

Fernsehen verhindert die Entwicklung von Verantwortungsgefühl.

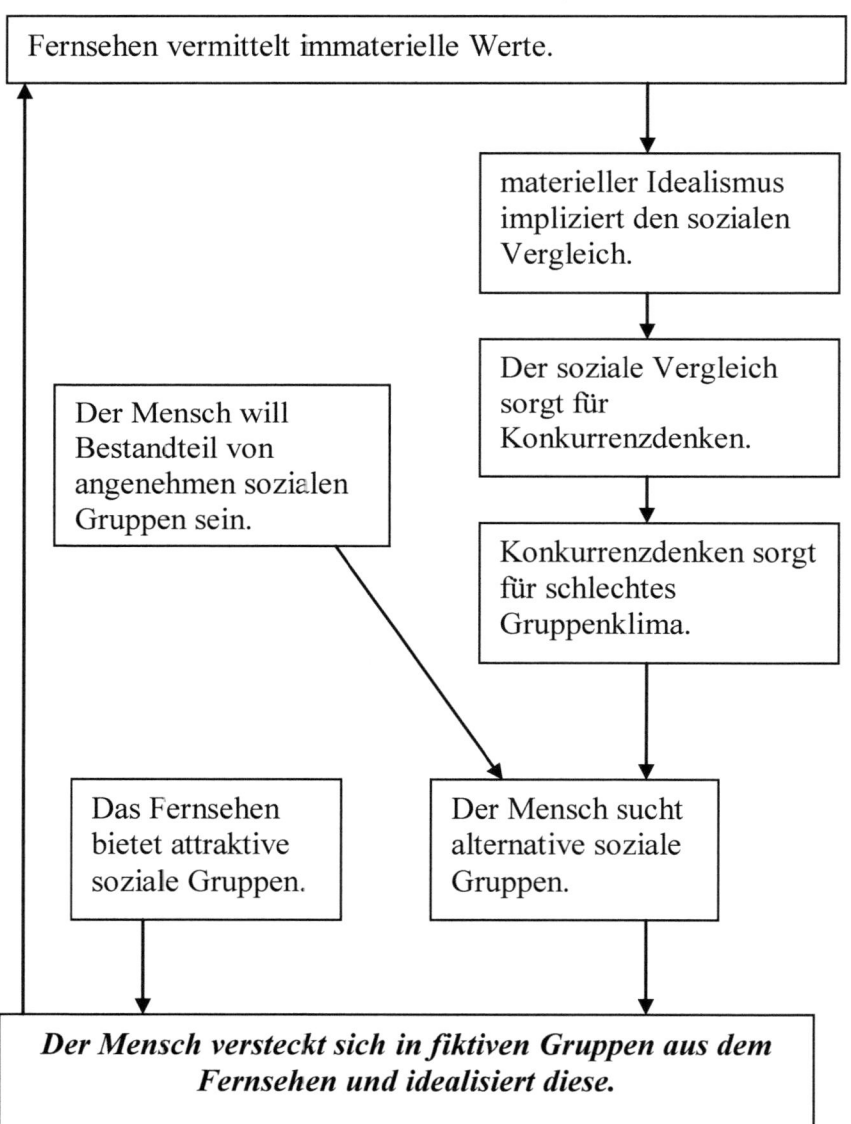

Fernsehen vermittelt immaterielle Werte.

materieller Idealismus impliziert den sozialen Vergleich.

Der soziale Vergleich sorgt für Konkurrenzdenken.

Der Mensch will Bestandteil von angenehmen sozialen Gruppen sein.

Konkurrenzdenken sorgt für schlechtes Gruppenklima.

Das Fernsehen bietet attraktive soziale Gruppen.

Der Mensch sucht alternative soziale Gruppen.

Der Mensch versteckt sich in fiktiven Gruppen aus dem Fernsehen und idealisiert diese.

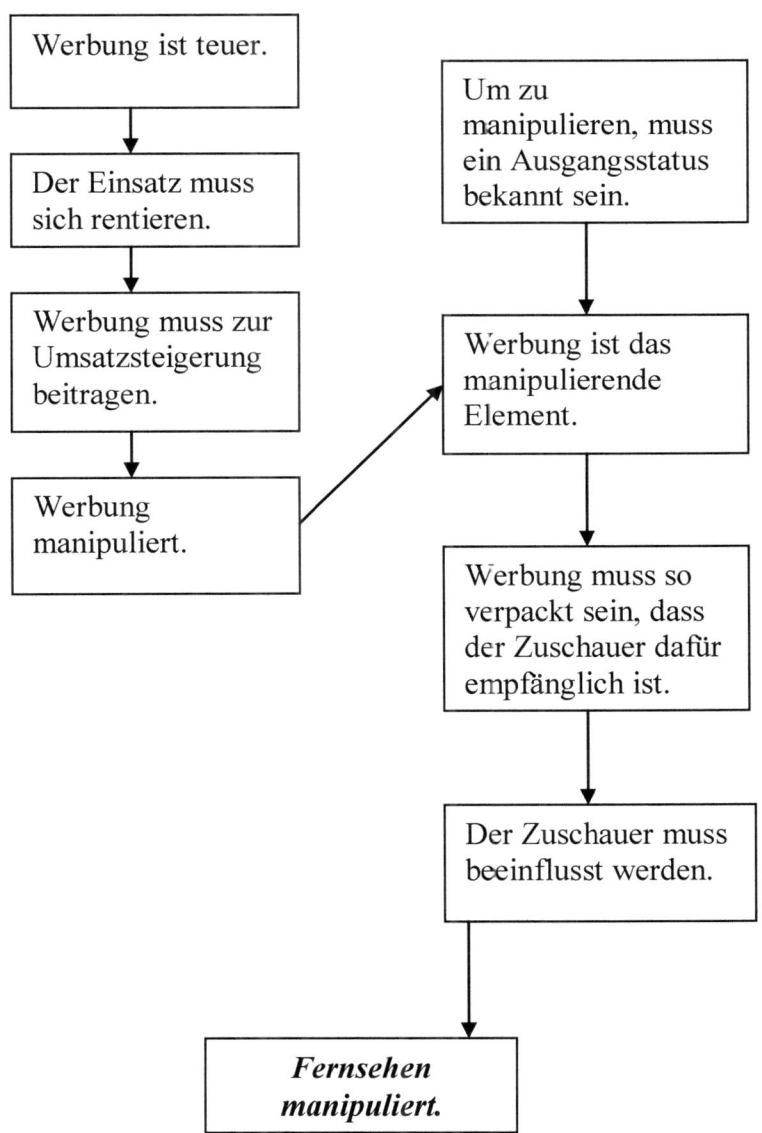

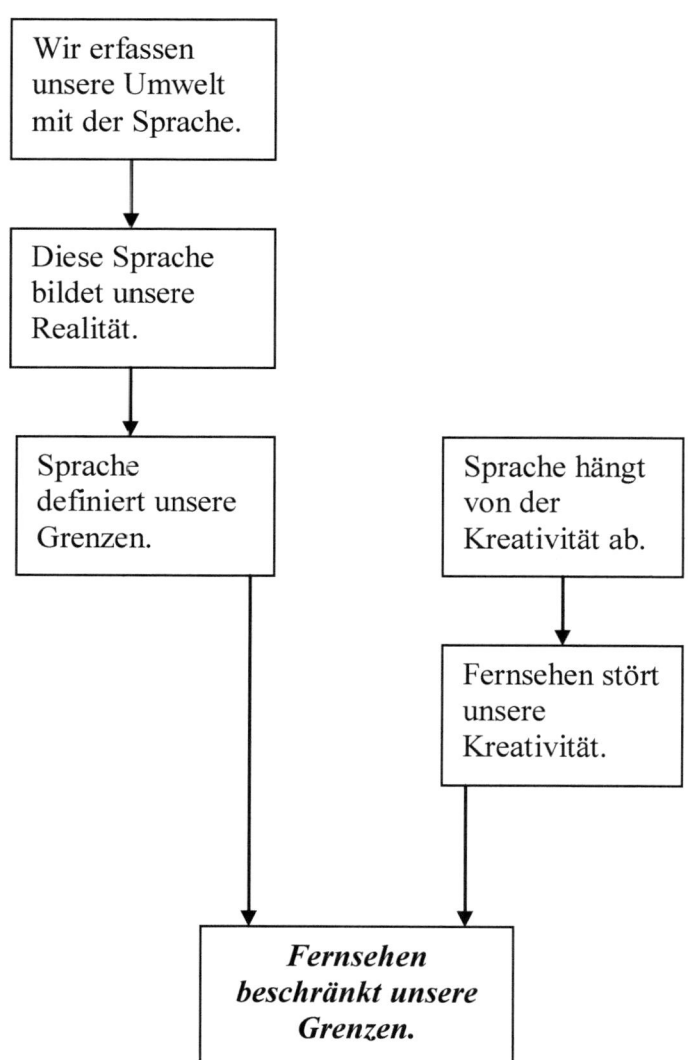

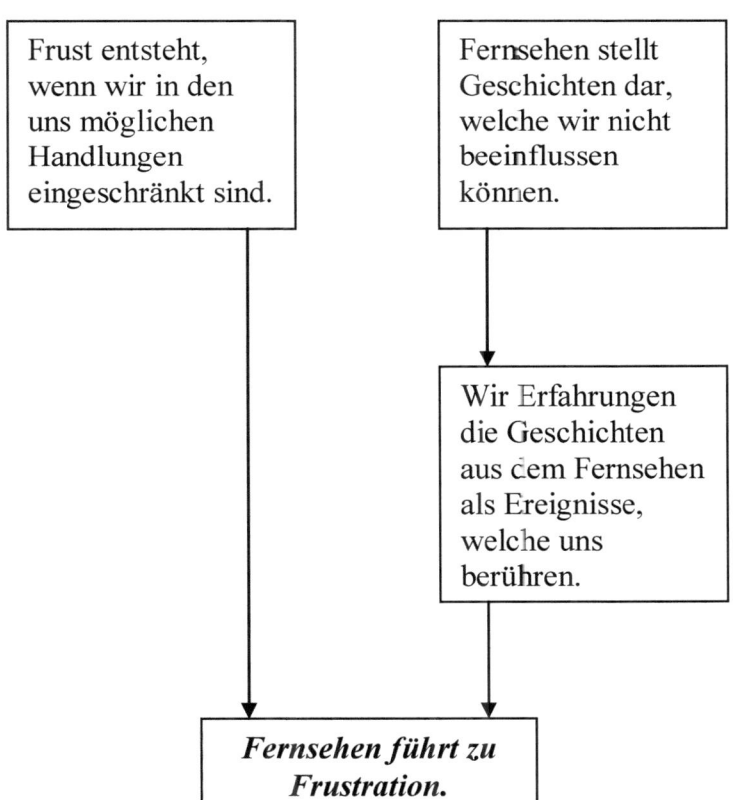

Frust entsteht, wenn wir in den uns möglichen Handlungen eingeschränkt sind.

Fernsehen stellt Geschichten dar, welche wir nicht beeinflussen können.

Wir Erfahrungen die Geschichten aus dem Fernsehen als Ereignisse, welche uns berühren.

Fernsehen führt zu Frustration.

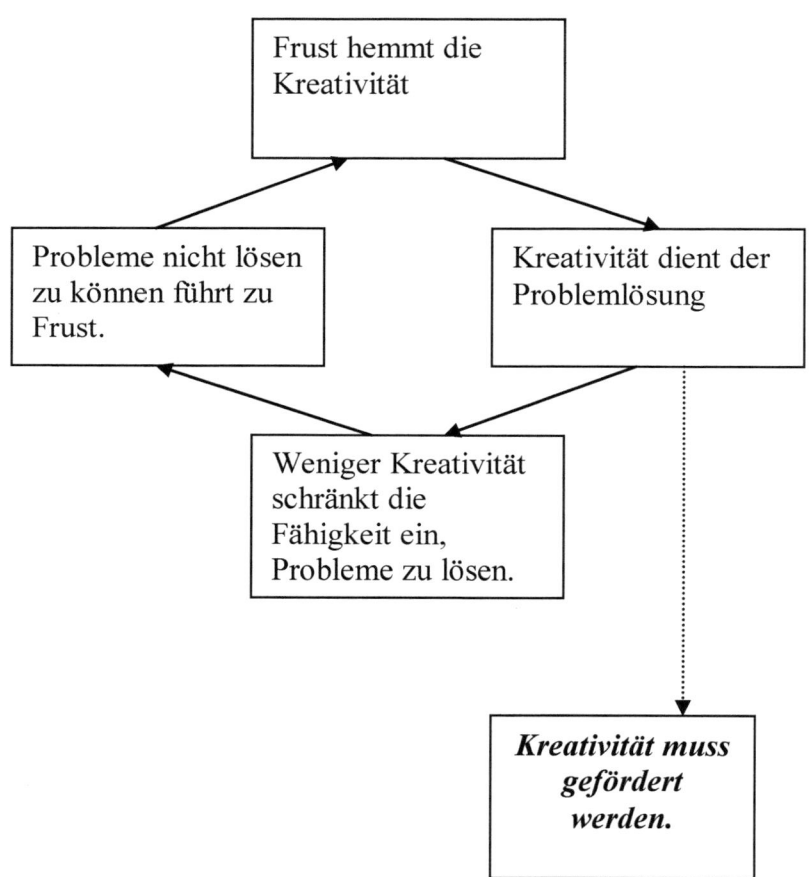

Frust hemmt die Kreativität

Probleme nicht lösen zu können führt zu Frust.

Kreativität dient der Problemlösung

Weniger Kreativität schränkt die Fähigkeit ein, Probleme zu lösen.

Kreativität muss gefördert werden.

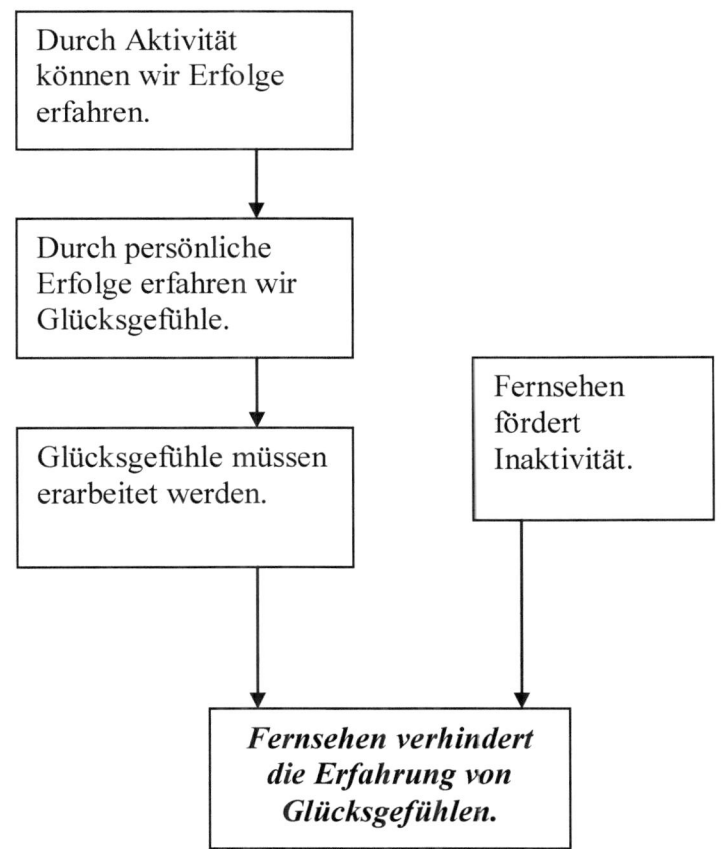

Durch Aktivität können wir Erfolge erfahren.

Durch persönliche Erfolge erfahren wir Glücksgefühle.

Glücksgefühle müssen erarbeitet werden.

Fernsehen fördert Inaktivität.

Fernsehen verhindert die Erfahrung von Glücksgefühlen.

Abschließend bleibt zu hoffen, dass die Menschen sich wieder auf das besinnen, was sie ausmacht. Kreativität, Miteinander, Entwicklung, Neugier, Verstehen und der Drang in Harmonie zu leben. Auch wenn sich unsere Welt ganz im Gegensatz zu diesen Eigenschaften präsentiert, so sind dies die Intentionen und Hoffnungen eines jeden einzelnen Menschen. Die geistige Verschmutzung, die Ablenkung vom Leben an sich und die Vermittlung falscher Ideale ist direkte Ursache von unserem derzeitigen abweichenden Verhalten.

Wenn wir eine Person fragen, ob Sie die Welt mit Harmonie, Freundlichkeit, Verständnis, Mitgefühl, Intelligenz, sozialem Verständnis, Vertrauen, Glück und Wohlbefinden assoziiert, dann wird diese Person Ihnen die Frage sicherlich verneinen. Warum ist das so? Eben diese Person hat ein eigenes Bild von der Welt, welches aus den Darstellungen der Medien resultiert. Die Medien erzeugen ein schlechtes Bild der Realität in jedem Menschen selber. Jeder Mensch, welcher dieses Bild vermittelt bekommt, wird entsprechend reagieren. Schließlich reagieren wir in den meisten Fällen auf die Art, wie auf uns reagiert wird, was der Ausspruch: „Wie man in den Wald ruft, so tönt es heraus." verdeutlicht. Hätten wir ein gutes Bild, dann würden wir auch gut reagieren und eine gute Welt erzeugen. Haben wir ein schlechtes Bild, dann reagieren wir entsprechend und erzeugen eine Welt, welche sich uns aktuell präsentiert.

Da das Medium Fernsehen größtenteils für derartige Belange genutzt wird, ist es eine der wesentlichen Ursachen für den peinlichen Umgang der Menschen miteinander und anderem Leben. Denken Sie sich in die Rolle eines neutralen Beobachters unserer Zivilisation, wie würden Sie diese bewerten? – Wie einen schlechten Film.